U0922126

人人都用心理学系列

一本可以让你掌控生活的案头手册

微经济

让你更聪明地选择和生活

陈 冰⊙著

MICRO CONTROL

没有晦涩的经济学原理，只有有趣的生活实例

超级实用的经济决策技术，让你轻松走进行为经济学的世界！

机械工业出版社
CHINA MACHINE PRESS

《微经济》将传统的经济学、行为经济学以及心理学的相关理论结合起来，从实际生活中的经济行为出发，从细微处出发，于细微处见经济学原理。通过各种案例描述，全面、生动地解读了效用、激励、信息、熟悉性和适应性、框架效应和心理账户、成本与收益、对比和参照、过度自信和谬误、风险和不确定性、竞争与合作、博弈困境、个体与整体等多个方面的内容。

通过阅读这本书，读者不但可以领略到阅读的乐趣，还可以了解经济学和心理学的相关专业知识，在轻松愉快的阅读氛围中掌握经济学在生活中的作用，将它更好地应用于生活。

图书在版编目（CIP）数据

微经济：让你更聪明地选择和生活/陈冰著．—北京：机械工业出版社，2012.10

（人人都用心理学系列）

ISBN 978-7-111-40068-4

Ⅰ.①微… Ⅱ.①陈… Ⅲ.①经济学—通俗读物 Ⅳ.①F0-49

中国版本图书馆CIP数据核字（2012）第243654号

机械工业出版社（北京市百万庄大街22号 邮政编码100037）

策划编辑：解文涛　　责任编辑：解文涛　廖岩

责任印制：张　楠

北京双青印刷厂印刷

2013年1月第1版·第1次印刷

170mm×242mm·13.5印张·1插页·205千字

标准书号：ISBN 978-7-111-40068-4

定价：32.00元

凡购本书，如有缺页、倒页、脱页，由本社发行部调换

电话服务

社服务中心：（010）88361066

销售一部：（010）68326294

销售二部：（010）88379649

读者购书热线：（010）88379203

网络服务

教材网：http://www.cmpedu.com

机工官网：http://www.cmpbook.com

机工官博：http://weibo.com/cmp1952

封面无防伪标均为盗版

微经济检索表

第1章　我们在追求着什么			
微经济	关键词	位置	页码
效用大小	效用越大、价钱越高、收益越大	微经济 1～2	2～3
效用最大化	分配、福利最大化、收益最大、善于花钱、懂得理财	微经济 3～6	3～4
边际效用	物以稀为贵	微经济 7	4～6
边际效用递减	喜新厌旧、负效应、精神消费、超限效应	微经济 8～11	6～8
敏感性递减	对钱的感觉慢慢变淡	微经济 12	8
储蓄	复利、储蓄“面子”	微经济 13～14	8～9
效用的时间价值	时间就是金钱、朝三暮四	微经济 15	9～10
时间偏好不一致	懒惰、拖延、指数式偏好、估测偏见	微经济 16～18	10～11
贴现	夸张贴现、消费效用贴现、利率折现、机会贴现、严格的规划	微经济 19～23	11～15

第2章　挣钱和消费为哪般			
微经济	关键词	位置	页码
消费者剩余	低价格产生更多利润	微经济 1	18
效率工资	高工资提高效率	微经济 2	18～19
金钱激励的失败	经验积累、金钱动机击退道德动机、内在动力	微经济 3～5	19～20
精神激励	鼓励、赞美、安全、目标、好奇心、虚荣心、配套效应、时尚	微经济 6～13	20～24
目标诱惑	手表定律、明确目标	微经济 14	24
外表诱惑	晕轮效应、生动性描述、延期陷阱、干扰、眼球效应	微经济 15～19	24～26
贪多必失	知足常乐	微经济 20	27
警惕小便宜	收市时价格低、庞氏骗局、天下没有免费的午餐	微经济 21～23	27～29

第3章　拿什么来做决策			
微经济	关键词	位置	页码
信息不对称	甄选信息、增加沟通	微经济 1～2	32～33
信息失真	信息传递失真、多一些信息确认	微经济 3～4	33

第 6 章　付出更少，收获更多

第 7 章　于对比中选择

第 8 章　不可不防的思维陷阱

第 9 章　用知识改变无奈的现实

第 10 章　如何权衡竞争与合作

第 11 章　你总有办法取得胜利

利用外部关系	巧用外部利益、进二退一的策略、同时采取行动	微经济 22～24	169～170

第 12 章　关注整体你会得到更多

微经济	关键词	位置	页码
个体利益导致集体损失	个体最优并不是集体最优、合成谬误、AA 制花更多钱、公地悲剧	微经济 1～5	172～175
外部效应	负外部效应、正外部效应	微经济 6～7	175～176
个体决策方法	乐观决策法、悲观决策法、相机决策和固定决策	微经济 8～10	176～178
集体决策方法错误	少数服从多数不一定好、风险更大、鲸的灭亡	微经济 11～13	178～179
个体与整体的联系	踢猫效应、乘数效应、多米诺骨牌效应、各个击破、增强协调	微经济 14～19	179～182
合理配置	田忌赛马	微经济 20	182
破窗效应	改掉坏行为和习惯	微经济 21	182～183

第 13 章　幸福在哪里

微经济	关键词	位置	页码
选择的痛苦	笨驴效应、过多选择让你迷茫	微经济 1～2	186～188
淡化痛苦	在线交易、一次性付款、不断劝说自己	微经济 3～5	188～189
恩格尔系数	逃离北上广	微经济 6	189
保持乐观	梅菲定律、用酸柠檬做柠檬汁	微经济 7～8	190～191
安慰自己	挫折是常态、蘑菇式管理的好处、克服自卑	微经济 9～11	191～192
懂得选择	不一定要循规蹈矩	微经济 12	192
说话的方式	好消息分开说、坏消息一起说、大好小坏一起说、小好大坏分开说	微经济 13～15	193～194
说话的顺序	好事早说、坏事晚说	微经济 16～17	194～195
送礼的原则	送“小而贵”的、送别人想要又舍不得买的	微经济 18～19	195～196
期望决定选择	期望价值心理、不值得就不做、期望不同选择不同	微经济 20～22	196～197
期望决定现实	皮格马利翁效应、态度决定行为、预期对经济的影响、情绪正念、消除恐惧微	经济 23～27	197～200

前言
PREFACE

经济学是关于理性的人如何选择的学问，它告诉人们如何作出更合理的选择，获得更多的快乐。因而，在当今这个迅速变化的时代，经济也成了人们最关心的话题之一。考虑到经济形势影响每个人的生活水平，现代人意识到，每天学点经济学已经是一个必然趋势。然而，经典的经济学教材里晦涩的专业术语、拗口的定理和抽象的解释让大多数想学经济学的人望而却步。这是我们学习经济学的一个难点。

另一方面，自经济学产生以来，我们一直遵循着“理性的经济人”这一基本假设去分析问题。但是，我们发现，实际生活中出现了一些与经济学理论不符的“反常”现象。比如，几乎每个人都知道吸烟有害健康，但很多人依然会去尝试，直到染上烟瘾。再比如，上街购物时，我们本来没打算买某种商品，但经常禁不住打折的诱惑买了下来，之后又感到后悔不已。

针对这一现象，20 世纪 40 年代，美国管理学大师赫伯特·西蒙提出了“有限理性”假设，指出人的理性是有限的。此后，1979 年，犹太心理学家卡尼曼和特韦斯基共同创立了行为经济学，行为经济学是经济学和心理学的交叉学科。2002 年，这两位行为经济学的先驱被授予了诺贝尔经济学奖。对世界经济影响力举足轻重的美联储前主席格林斯潘甚至开玩笑说：“‘新经济’实际上就是心理学。”也就是说，和心理学联系在一起的经济学才能更好地解释现实生活中人们作出的选择。

你是不是在猪肉涨价的时候选择吃更多的牛羊肉，是不是每月都盘算着怎样省更多的钱，是不是在考虑尝试购买“不满意全额退款”的商品？其实，作出这些选择的时候，你都不自觉地运用了经济学的理论，同时也在和自己的心理“较劲”。

本书将传统的经济学和行为经济学的相关理论结合起来，从实际生活中的经济行为出发，从细微处出发，于细微处见经济学原理。我们分析了“月光族”“月月光”的原因，探寻了“跟风”的原因，还总结了“相亲法则”，让经济学不再是复杂的数学模型和演算公式，也不再充满晦涩的专业术语，而是通俗易懂、处处见经济原理的“微经济”。

因本书是从“微”着眼，所以，每章内容也都有一个“微”的主题。其中第一章到第六章分别是：效用、激励、信息、熟悉性和适应性、框架效应和心理账户、成本与收益；第七章到第十二章则分别是：对比和参照、过度自信和谬误、风险和不确定性、竞争与合作、打破博弈困境、个体与整体；最后一章我们关注了怎样追求幸福。全书大约有 320 个小的知识点，大多都通过案例进行了通俗易懂的解释，相信理解起来并不难。

总之，我们希望这本书既生动有趣，又具备实用功能。希望读者朋友们能够在阅读本书时体验到愉悦，并收获些许启示。

目录
CONTENTS

第 1 章

我们在追求着什么

【效用及其时间价值】 效用度量的是人们的需求、欲望等得到满足的程度，所以，人类所能生产和消费的并不是物质本身，而是效用。和货币一样，效用也有时间价值，对效用的时间偏好就决定了人们是“贪恋现在”还是“着眼未来”。

1. 效用最大化，你最满足

钱是有限的，理性的人会将钱花在“刀刃”上——能给自己带来最大效用的东西。

【微经济1】效用不同，出价就不同

20世纪80年代中期，日本电视剧《血疑》风靡神州大地，不少观众都看得泪流不止，被女主人公幸子和她父亲大岛茂的故事感动。一些商家想充分利用这个市场机遇，于是上海一家服装厂推出了幸子裙，而北京一家服装厂推出了大岛茂风衣。但结果却有些不同，上海的商家大获其利，北京的厂商却亏了本。

其原因在于女中学生和中年男人从衣服中得到的效用不同。效用是消费者从消费某种物品中得到的物质或精神的满足，是主观的。满足程度越高效用越大，反之，效用越小；而且，效用越大，消费者出价越高。

女中学生穿幸子裙会觉得自己和偶像很近，获得的效用大；中年男子虽然尊重大岛茂这样的父亲，但并不以穿这样的风衣为荣，获得的效用就小。所以，幸子裙卖得很好，而大岛茂风衣则不然。可见，开发新产品，切忌跟风，而是要仔细分析消费者的需求和效用。

【微经济2】对别人效用越大，你的收益就越大

小王对小李说：“我要离开这家公司，我讨厌这家公司！”小李建议道：“我也赞成你离开。不过，现在还不是最好的时机。”小王问为什么，小李说：“现在走，公司的损失并不大。你应该利用公司资源，拼命去为自己拉一些客户，成为公司独当一面的人物，然后带着这些客户突然离开，公司才会受到重大损失，非常被动。”

小王觉得小李说的非常在理。于是努力工作，半年后，事遂所愿，他有了许多的忠实客户。再见面时，小李对小王说：“你该赶快行动了！”小王却表示，老总已经准备升自己做总经理助理，自己暂时不打算离开了。

员工对公司的价值在于可以给公司带来利润，员工的付出大于收获，老

板看到了你的能力超过职位需求，才会给你更多的机会替他创造更多利润。也就是说，员工对公司的“效用”越大，他从公司得到的“效用”也就越大。

【微经济3】给穷人多分钱，社会福利最大化

张三和李四两个人共同发现了地上有50元钱，商量之后决定去找一个经济学教授告诉他们如何分钱。教授询问之后发现，两人是较好的朋友，张三家庭状况不好，最近因为孩子吵着想吃肉而烦恼，李四虽说也不富裕，但情况好很多。于是，教授决定把50元钱全部给张三。过了两天，张三和李四又碰面了，张三告诉李四，因为多了50元钱，所以他们家那天好好地吃了一顿肉，一家人都很高兴，尤其是孩子特别开心。张三很感激李四，而李四听他这么说，也很开心，仿佛自己也吃到了肉。

这个故事中，教授正是发现了两人有利他倾向，把50元钱给张三，其效用能得到最大发挥。张三的福利得到很大改善，另一方面，李四也为朋友的开心而高兴，这样，两人都能得到很大的效用。也就是说，教授的分配原则是效用和福利的最大化，这就是经济学中分配论的基本原则。

【微经济4】延迟满足获得更大收益

小王工作的公司写字楼的旁边有一条小吃街，街上有好几家卖瘦肉丸的小店，但有一家的客人明显比其他家的多，每天客人都是络绎不绝。小王观察后发现，这家店只卖5元钱的中碗瘦肉丸，而不像其他店卖6元钱的大碗瘦肉丸，于是就问店主为什么他和别人卖的不同。店主告诉他，中碗瘦肉丸让人吃后意犹未尽，回家后也会总想着店里的瘦肉丸；如果卖大碗的，一般人都会吃得饱饱的，就没有了那份留恋、那份惦记。

店主简单的话里包含着心理学的“延迟满足”原理。延迟满足是一种自我控制——当面临各种诱惑时，人会产生一种满足需要的冲动，而自我控制会使人们暂时克服这种冲动，通过延迟满足的方式获得更有价值的长远利益和幸福。正确地利用这一效应可以使人们更加幸福，也可以像故事中的店主一样获得更大收益。

【微经济5】不会花钱不如没有钱

有座庙坐落在一个清静的地方，庙里住着个自食其力的和尚，生活清贫

而幸福。日子长了，庙里香火变得旺盛，贡品里有不少好东西，和尚把这些贡品拿去卖掉，攒了很多钱。但有钱后，和尚变了，不信任任何人，担心钱被偷走，无论白天黑夜总把钱藏在自己胳肢窝里。他也因此整天心神不宁，痛苦不堪。在这个故事里，金钱是痛苦的根源。

经济学不讲金钱万能，也不讲金钱万恶，它的性质取决于如何获得金钱以及如何使用金钱。和尚的痛苦不在于有钱，而在于不会花钱。佛家讲求"普度众生"，若是和尚能将钱送给穷苦百姓，那就是拯救了苍生，也度化了自己。经济学主张人们利用金钱使自己获得最大收益，达到效用最大化，从这个角度讲，人们要学会花钱，不会花钱不如没有钱，就像和尚清贫时反而比有钱时幸福。

【微经济6】守财奴的钱只是水漂

法国作家拉封丹写过一个守财奴的故事：有个守财奴爱财如命，为了保证财产安全就移居到了海岛上，认为大海能阻挡住强盗。守财奴每天都清点、计算、把玩金币和银元，但每天都觉得账目不对。他一遍又一遍地数钱，却不知自己养的大马猴喜欢向窗外扔钱，它是把这些钱当水漂来玩了。

无论什么样的钱，不能使用就毫无意义，守财奴将钱放在孤岛上就如将钱扔进了大海里，不管过多长时间，依然只是那几个子儿。懂得理财的人知道让钱生钱，懂得通过花钱来满足自己的各种合理需求，进而获得成就感。钱只有在会花钱的人手中，才是财富，才是幸福的源泉。

2. 边际效用，一分钱一分货

经济学奉行边际思维，某种要素的贡献，是由其边际的一单位的贡献决定的。所以，某商品的边际效用有多大，它就值多少钱。

【微经济7】为何物以稀为贵

人类生活方方面面都离不开水，而钻石却是少数人所拥有的装饰品，并没有太重要的用途。然而，没什么实际用处的钻石的价值却比水高出了千万倍！

守财奴的钱只是水漂

无论什么样的钱，不能使用就毫无意义，守财奴将钱放在孤岛上就如同将钱扔进了大海里，不管过多长时间，依然只是那几个子儿。会打理钱财的人知道让钱生钱，钱也只有在会花钱的人手中，才是财富，才是幸福的源泉。

要解释这个行为，需要经济学中一个非常重要的概念，就是边际效用。所谓边际效用，就是人消费某种商品时每增加一单位该商品的消费而带来的满足程度的增加。在一般情况下，商品的边际效用是随着商品消费量的增加而逐渐减少的。对于人类来说，水的总效用巨大，但巨大的消费量导致水的边际效用很低。与此相反，钻石虽然总的效用不大，但是由于消费量非常小而导致其边际效用很高。所以钻石的价值要比水高出很多。

人们对某商品所愿意支付的价格是与该商品的边际效用成正比的，边际效用越低，价格越低，这正是物以稀为贵的原因。

【微经济 8】 不要天天给女友送玫瑰花

小王新交了个女朋友，为讨女朋友欢心，第一天约会时买了一束鲜艳的玫瑰花送给她。在接到花的那一刻，女友备受感动，深情地和他拥抱在一起。小王见玫瑰花有作用，于是决定每次都送玫瑰花。第二天，小王又送给了一束玫瑰花，女友很高兴，但却没有前一天那么热烈。第三天，小王又买了一束玫瑰花送给女友，女友却只说了一声谢谢。到了第四天，当小王再一次拿着玫瑰花出现在女友面前时，女友却不高兴了，埋怨他木头脑袋。

小王若是明白经济学上的“边际效用递减”原理，就不会做这种吃力不讨好的事了。边际效用递减是指随着某种事物数量的增加，该事物给人带来的满足程度、感官刺激以及收益会不断降低。这是一个很重要的经济学理论，体现了人们追求变化、喜新厌旧的普遍心理。个人乃至企业都可以充分利用这一规律，不断为别人创造新的惊喜，长期赢得人心。

【微经济 9】 不做杰米扬的汤，否则只会赶走你的顾客

《克雷洛夫寓言》里面有一个故事叫做《杰米扬的汤》，说的是一个叫杰米扬的人，做的鱼汤很好，“上面飘着一层油，像琥珀一样，里面则都是鲟鱼片和鱼内脏”。杰米扬准备了一大锅汤，请朋友福卡前来品尝。福卡已经喝了三盆了，杰米扬依然热情款待，一股劲地劝他吃，不让他停止，福卡只得又勉强吃了一盆。哪知杰米扬觉得自己的汤美味，坚持要老福卡“再来一盆”。福卡只得马上站起来，赶紧拿起帽子、腰带和手杖，用尽全力跑回家，从此再也不上杰米扬的门。

用边际效应递减来解释，好汤也不是多多益善，效用是人们消费某种物品时所得到的满足程度，是消费者的主观感受。边际效用是指消费者多消费一单位某种物品所增加的满足程度，它随着消费该物品的数量的增加而减少。如果数量太多，就会产生负效应，这就是福卡从杰米扬家逃走的原因。商家要想长期盈利，就不能只做杰米扬的汤，而要做不同风格的汤。

【微经济10】为何“久病床前无孝子”

“久病床前无孝子”是我国的一句民间俗语，是千百年来对一种普遍存在的社会现象的总结。但为什么说“久病床前无孝子”呢？

从经济学的角度讲，“孝”本身是一种精神收益，是一种道德评价。当一个人在尽“孝”时，本身就是在消费“孝”这种产品，并享受“孝”所带来的精神收益，如良心得到安慰、受到别人好的评价等。但随着时间的推移，“孝”这种产品所带来的效用是递减的。此外，一个人要想尽“孝”，必须有物质的支出，这种物质方面的支出增加了消费“孝”的成本，也就进一步加速了“孝”产品效用的递减。也就是说，久病使孝子的“边际收益”不断减小，而“边际成本”不断上升，当后者大于前者时，人们就不愿意再当孝子了。

另一方面，在现实生活中，连续的精神褒奖会使人逐渐对这种奖励产生一种厌倦情绪，这时人们就会更看重物质奖励。

【微经济11】即使好东西也不能多多益善

一次，马克·吐温在教堂听牧师演讲。一开始，马克·吐温觉得牧师的演讲十分精彩，很受感动，并决定结束后捐款。牧师滔滔不绝地演讲了十分钟，仍没有停止的意思。这时，马克·吐温感到不耐烦了，打算少捐一些。又过了十分钟，牧师的演讲仍然在继续，马克·吐温决定一分钱也不捐了。等到牧师终于结束冗长的演讲，开始走到观众中间募捐时，马克·吐温不但没有捐一分钱，反而从盘子里偷拿走了两元钱。

故事中，牧师冗长的演讲对马克·吐温产生了“超限效应”，即过强的刺激或过于频繁的刺激引发个体的排斥或逆反心理。“超限效应”适用于生活和工作的各个领域，比如自我行为改善、沟通、社交和企业管理等。另外，它对广告宣传也有一定的启示，即使是好的广告也不能在短时间内大密度轰炸，这样只会令人产生厌恶之感。

【微经济 12】 你对钱的感觉也会慢慢变淡——敏感性递减

你是不是经常有这种感觉：对收入从 100 元升到 200 元的变化比较敏感，但是，对收入从 1 100 元升到 1 200 元时的感觉并没有那么明显？类似的是，人们遭受 200 元到 100 元损失的感觉可能会比遭受 1 200 元到 1 100 元损失的感觉要更加强烈，其原因是 0 元常常是人们感觉到福利和损失的分界点。这就是敏感性递减的作用，指的是：在参考点附近，人们感觉到的福利的边际变化要比距离参考点远的变化更加强烈。

心理学家和行为经济学家们发现：敏感性递减使得财富的价值曲线在参考点以上大致是凹的，而在参考点以下则是凸的，参考点是价值曲线凹、凸的分界点（拐点）。这就导致了人们对财富的效用感受在参考点附近变化比较大，而在远离其参考点后变化就逐渐变小。递减的敏感性预示着这样一个事实——人们面对收入时可能是风险规避，而面临损失时却表现出风险偏好。

3. 摆脱拖延，开始储蓄

钱、面子、梦想等都可以储蓄，关键在于你要摆脱偏好的时间不一致，不要只贪恋眼前。

【微经济 13】 复利的威力胜过原子弹

1626 年，荷属美洲新尼德兰省总督花了价值大约 24 美元的珠子和饰物从印第安人手中买下了曼哈顿岛。后来，印第安人想重新买回曼哈顿岛，可是价格却令他们目瞪口呆，至 2000 年 1 月，曼哈顿的价值高达 2.5 万亿美元。但是，假如印第安人会投资，1626 年就将那 24 美元进行投资，只要每年有 7%的复合收益率，到 2000 年时那 24 美元就变成了 2.5 万亿美元，他们就能买回曼哈顿岛。如果能达到 8%的年复合收益率，那 24 美元大约可以变成 82.06 万亿美元，够买回近 33 个曼哈顿岛了。

看，这就是复利的魔力。爱因斯坦说过，复利的威力比原子弹还要大。只要你懂得节俭，每月挪出部分薪水，比如 200 元，进行基金定投，到你 65 岁退休时，你账户里的资金就会翻很多倍。当然，复利的威力很大，但需要你耐心的等待，不能期望一夜暴富，正如俗语所说：“千里之行始于足下”，你也需要从现在就开始行动。

【微经济 14】 储蓄“面子”——小不忍则乱大谋

我们都知道越王勾践卧薪尝胆的故事，勾践在吴国时，为夫差驾车养马，打扫宫室，住在潮湿的囚室里，受尽了侮辱。那时，勾践很没有“面子”，但这其实是精神产品的时间配置问题，可以说勾践是在进行“面子”的储蓄。人们在消费物质产品时，为了在将来实现更好的消费，会有储蓄行为；同样，人们在消费精神产品时，也会有类似情况。“面子”是别人对你的评价，是一种心理满足，属于精神产品的范畴。

越王勾践在吴国忍辱负重，实际是为了以后挣回更大的“面子”。小不忍则乱大谋也是同样的道理，目的是以失去“小面子”为代价，换取将来更大的“面子”。生活中，我们也会遇到类似“韩信胯下受辱”的情况，古人说的是“能屈能伸乃真丈夫”，而从经济学来看，若能舍弃“小面子”换回“大面子”，何乐而不为呢?

【微经济 15】 今天就实现梦想还是明天才实现梦想

对于人们来说，“时间就是金钱”意味着人们应该充分利用时间工作来创造财富。然而，对于钱来说，这句话同样是有道理的。今年的 100 元钱和明年的 100 元钱是不一样的，假如年利率是 5%，那么这一年的价值对于 100 元钱来讲就是 5 元钱的增量。

效用同样具有时间价值，人们相同需求的即时满足和延时满足对于个人相差很多。众所周知的朝三暮四这个故事恰恰说明了这一点，相比早上三个栗子晚上四个栗子，猴子更喜欢早上四个栗子晚上三个栗子。我们可能嘲笑猴子的愚笨，但“今朝有酒今朝醉”的故事又在多少人身上不断上演呢?

人们常常提中国老太和美国老太的故事。中国老太辛辛苦苦攒了一辈子钱最后才买了套房，而美国老太贷款买房直到最后才还完了贷款。实际上这两个例子都不是理性的选择。我们可以说中国老太没有充分地享受现在，也可以说美国老太过度地透支了未来。我们只有对人生各个阶段作出合理的规划，才能使这辈子过得安稳且充实。

【微经济16】“懒”也有经济学的解释

有这样一种“懒人”的生活方式；不上班时，他们不洗澡、不洗脸、不刷牙、不梳头；不待客，他们就不会进厨房，不做饭，不洗碗，甚至挨饿不吃饭；不出门，他们不会起床，饿了打电话叫外卖，闷了开电脑看网页打游戏……此外，有些人常常过度饮酒、过量饮食，而置未来的健康全然不顾；有些人观看滑稽电视、享受当下的快乐，而将让人痛苦的事情向后推，等等。为什么人们会如此“懒惰”，如此“拖延”——因为存在着偏好的时间不一致性。

偏好的时间不一致性指的是，人们对现时的效用和福利的关注要强于对未来效用和福利的关注。这和传统经济学假设的指数式偏好并不一致，指数式偏好假定人们会对不同时期的成本和收益进行跨期选择，不同时期的储蓄可以以一个固定的比率在各期之间进行贴现。指数式偏好并不能解决生活中一些“反常”的现象，这时我们可以用偏好的时间不一致性来解释。

【微经济17】估测偏见——就是“吃饭点多了”

小王为了赶任务，整整忙了一天，午饭也没顾上吃，晚上下班后还一直加班到九点。把预定的任务完成后，小王才发觉自己又饿又累，于是冲到楼下的饭馆点了两份套餐开始大吃。哪知才吃了一份就觉得吃饱了，又硬着头皮吃了一些，最后只得浪费了。生活中这种现象很普遍，例如，当一个饥饿的人去超市购物，他会购买过多的食物；像小王这样饿了一天之后去吃饭的人也往往会点过多的菜，以至于根本吃不了。

这种现象被称为估测偏见，是指人们认为现在估计的情形与以后将要发生的情形一致，进而会作出不明智的选择。由于估测偏见的存在，人们在试图预测其未来选择时，会赋予当前偏好过大的权重，夸大其未来的偏好与当前偏好的相似性。估测偏见会让我们像小王一样，在开始阶段或是生命的早期消费过多，而在以后的阶段或是生命的后期消费变少。

【微经济18】 给自己一个最后通牒，拒绝拖延

经济学家斯蒂格利茨在一次离开印度返回美国时，留下一箱衣物让好友阿克洛夫抽空寄回。由于当时印度的邮政服务很差，效率极低，阿克洛夫估计寄这个箱子要花掉至少一天时间，于是阿克洛夫一直在思考何时去寄走箱子。结果一直拖了8个月左右，箱子还没有寄过去，最后阿克洛夫干脆作出决定：不寄了，等年底回美国的时候顺便给斯蒂格利茨带过去。

在这里，阿克洛夫给自己下了一个最后通牒，就是年底带回。

我们很多时候都处于拖延状态，而一旦开始拖延，就陷入了阿克洛夫的困境：作出非理性的决策，一次又一次地拖延。要结束拖延，必须有一个最后通牒的期限。大多数人都会意识到自己的拖延症，但却很难给自己下一个最后通牒，因为甚至最后通牒也会被拖延。这时，可以借助外力，例如，老师、父母、朋友来督促自己尽快完成任务。

4. 是什么决定了你何时消费

合理进行效用贴现。现在很重要，明天同样重要，因为明天你依然要很好地生存。

【微经济19】 有限的意志力让你倾向“夸张贴现”

小丽和小王两人都独自在北京打拼，为了早日找到另一半，两人下了决心：小丽发誓要减肥，小王发誓要存钱。哪知，小丽一见到美食，就安慰自己：“今天吃最后一顿，明天再减肥”。小王看别人都有车，也安慰自己，也许买辆车就能遇到梦中情人了。一年后，两人依然单身，小丽体重增加了几斤，小王社交圈没变，还要每月还贷款。

从明天开始

在预期有金钱收入但尚未收到时，小丽和小王能理性地在消费和储蓄上规划。但是当钱真来了，往往立即被花掉。这就是“夸张贴现”：人们会倾向于今天就去做一件愉快的事，而把不愉快的拖到明天去做，即使这种拖延要付出很大的代价。

行为经济学家马修·拉宾描述了人们储蓄行为中的“夸张贴现”现象，他认为，当预期有金钱收入但尚未收到时，人们能相当理性地规划自己的消费和储蓄。在有限的刺激下，人们愿意储蓄和推迟开支。但是当钱真来了，人们的意志便崩溃了，钱往往立即被花掉。这是因为，在人们的时间偏好中，短期贴现率往往大于长期贴现率。

生活中，人们会倾向于今天就去做一件愉快的事，而把不愉快的事拖到明天去做，即使这种拖延要付出很大的代价。比如，人们会因为拖延戒烟、节食或体检而影响寿命。这都是“夸张贴现”的结果。

【微经济20】 该消费时就消费，好花堪折直须折

从前有一个俊俏媳妇，出嫁时娘家陪嫁了一条印花头巾，她对此很是爱惜，舍不得用，而是反过来搭在头上。有一天，她要回娘家，装扮好，正面搭了头巾，在镜子前一照，不禁惊呼，头巾怎么这么难看了？原来，年深日久，风吹日晒，头巾不知不觉就褪了颜色。媳妇后悔莫及。

就如这个头巾一样，通常情况下，由于存在一个正的贴现率，一定数量的财富在未来给你带来的效用比在现在给你带来的效用要小，将未来消费的效用贴现过来要小于现在消费的效用。

中国人素有节俭的优良传统，乐于穷熬苦熬。殊不知，理性消费应是将未来消费效用与现在消费所得的效用相比而作出决定。比如，一笔钱是存入银行还是马上花掉，你需要比较当前消费带给你的效用与放弃货币的流动性、存入银行所带给你的含利息的钱在未来消费所带给你的效用孰大孰小。

【微经济21】 利率决定择业

下文是从经济学家张五常举的例子改编而来：

如果你选择职业时，只考虑收入因素，那么利率可以帮助你选择职业。现在假定从事歌手和医生这两种职业的人一生中的总收入是相同的，那么我们应该选择将未来收入折算成当前的现金价值后收入总额最大的那种职业。利率高，则未来收入的现金价值低；利率低，则未来收入的现金价值高。

歌手是早期收入较高，医生则是后期收入较高，而利率是正数，所以同样的收入，越早获得，折合现金后财富越多。若利率过低，那么医生拥有较

高的折现财富；而利率过高，歌手的折现财富将高于医生。也就是说，对终生总收入而言，有一个利率值使歌手与医生的折现财富相等。若市场利率高于此利率，那么选择歌手这个职业收益更大；若低于此利率，则应选择医生这个职业。

当然，利率只是影响职业选择的一个因素，择业时可以以此为参考。此外，利率的影响不仅存在于职业的选择之中，它与理财、消费有更大的关系，我们可以用同样的方法，将收入折现，比较之后决定如何消费、如何投资理财。

【微经济22】明天总会有，何不贴现机会

《旧约·创世纪》上有这样一个故事：

雅各与以扫是孪生兄弟，以扫是哥哥。按照传统规矩，以扫是长子，理应继承父业。雅各很想自己继承父业，所以很担心。有一天，以扫打猎回来，饥渴难耐，求雅各做红豆汤给自己喝。雅各这时要求以一碗红豆汤和以扫交换长子身份，以扫竟然同意了。

这看似不可理解，一碗红豆汤怎么能比长子身份重要？但在当时的以扫看来，他们寄人篱下，父业只不过是一张“空头支票”，迷茫而遥远。正所谓远水解不了近渴，父业渺茫，而红豆汤却在眼前，所以他选择红豆汤。

人是贪恋眼前还是着眼长远，取决于对未来的希望，若是没有明天，何不及时享乐。但无论怎么样，我们都会有明天，也必须为明天规划。譬如钱财，就要合理规划，切不可大手大脚，最终入不敷出。希望也许渺茫，但至少还有机会，机会的贴现也许会大于现时的享乐。

【微经济23】帕金森法则——轻松工作的另一魔法

蒂莫里？费里斯上学的某一个学期，他的期末论文要写一篇关于公司运营模式的深度报道，这需要去采访一家刚创业的公司的主要负责人。但在最后一刻，已经定好的公司主要领导决定，由于保密因素，两位重要负责人不能接受采访，费里斯也不能使用该公司的信息，而此时距离论文上交的时间只有24小时。在与老师爱德·兹肖交谈之后，他却写出了四年里写得最好的论文之一，得了一个A。原因在于爱德给他的建议——帕金森法则，爱德告

诉他“企业老板是促使事情发生的人”。

爱德的意思是，对于一项需要 2 天完成的任务，如果只给 1 天时间，压力会促使人集中精力选择最重要的部分去执行；如果给 1 周，就会有 6 天是虚度了；如果给 2 个月，人们就会一直拖延，甚至受到精神折磨。

现在工作繁忙的大多数白领都有不同程度的“拖延症”，这不仅导致工作完成质量不高，也增加了自身痛苦，还不如给自己一个严格的规划，花更少的时间更好地处理工作或生活中的事务。

第2章

挣钱和消费为哪般

【动力和激励】人的行为实际上是对背后某种激励的反应，某知名经济学家在微博上说：无论多么理性的人，生活中都离不开两种心理的“调味料”，一种是“牛气”，另一种是“刺激”。对这两种感觉的追求，是人们挣钱和消费的主要动力。

1. 金钱赐予我们动力

在我们这个世界里，金钱是大规模地衡量人类动机的唯一便利的方法。所以，金钱是我们行动的重要激励，但它并不是处处有用。

【微经济1】 你给消费者更多剩余，消费者就给你更多利润

前几年，小灵通在各大城市异常火暴。据报道，截至2007年年底，小灵通已经覆盖了全国310多个城市，用户数超过1 100万，其中2006年新增的用户就达到750多万。小灵通火暴的原因很简单——价格低廉，用经济学术语来说，就是它提供了较多的“消费者剩余”。

“消费者剩余”是指一种物品的总效用与其总市场价值之间的差额，换言之，就是消费者愿意为一种物品支付的钱减去消费者实际支付的钱。消费者关于小灵通的参照物是使用普通移动电话所支付的费用。而小灵通的实际资费水平仅相当于普通移动电话资费的1/6，小灵通话机的平均价格也只相当于普通手机的一半左右。比较之下，小灵通使用者获得的消费者剩余很是可观。

在市场经济中，消费者是产品消费的主体，厂商要想获得利润，就必须满足消费者的质量需求和价格需求，而消费者剩余是其中的关键因素之一。只有尽量让消费者剩余为正数，自己才能获得更多利润。

【微经济2】 老板给你高工资是因为对你能力的赏识吗

从事某些工作，你会领到高于平均水平的工资。你往往把这归于自己的能力因素，认为这是老板对你的赏识。然而事情往往并非你想的那么简单。高工资制度是当年汽车大王亨利·福特所率先采取的。1914年，亨利·福特先生把汽车工人的工资定为每天5美元，这在当时是个了不起的数字，因为当时工人的平均工资是每天2～3美元，福特先生定的工资几乎比平均水平高出了一倍！

然而福特先生作为一个商人，真的是出于提高工人福利的目的而把工资定为每天5美元的么？不，起码这不是其主要目的。福特先生的本意是用高工资激励工人提高工作效率，同时提高了工人因偷懒被解雇的机会成本（所

谓机会成本，就是你作出一个选择时所放弃的次优选择给你带来的好处），同时还可以吸引高技能人才，可谓一箭三雕。经济学上把福特先生采用的这种高工资制度称为效率工资。

【微经济 3】 工作不是为了薪水

一家报社的年轻人去采访日本著名企业家松下幸之助，因为之前准备得很充分，所以整个采访过程很愉快。采访结束后，松下幸之助问年轻人月薪多少，他不好意思地说："很少，一个月才一万日元。"松下幸之助却微笑地对年轻人说："其实你的薪水远远不止一万日元。"看年轻人一脸疑惑，松下先生又接着说："小伙子，你今天能争取到机会采访我，足以证明你在这方面有一定的潜力，那么明天你也同样能争取到机会采访其他名人。只要多多积累这方面的经验，你以后会很有前途。就和存钱一样，才能也会生利息，你将来收到的就是大笔的本利和了。"多年以后，年轻人成了社长，回忆起松下先生的话，他深有感触。

对于年轻人来说，才能的积累远比薪水重要得多。我们不能为了薪水而工作，而要看到比工资更高的目标。不管你是否喜欢现在的工作，在没有其他出路之前，就要学会从工作中努力汲取经验，为以后做准备。

【微经济 4】 为什么对迟到者罚款，效果却适得其反

以色列海法市的日托中心规定，要在下午 4 点钟以前把孩子接走。尽管再三声明这一规定，但还是经常发生家长迟到的现象，日托中心不得不留下老师照料没有被接走的孩子。后来，日托中心换了一个方式，规定所有迟到 10 分钟的家长每次罚款 3 美元。没想到执行之后迟到的家长反而迅速增加。其实原因在于，人的动机有经济的，也有道德的。迟到本身不道德，给人罪恶感；但现在付出了 3 美元的代价，家长迟到的罪恶感消失了。

行为经济学得出结论：金钱，经常是最昂贵的激励方式，道德激励不仅成本较低，并且往往更有效。但是，如果道德动机和金钱动机发生冲突，道德动机就可能会退出，而且一旦退出很难重建。所以，要分情况采取不同的激励措施。比如，若在网络上进行调查和实验，召集参与者时采取友情帮忙的方式比金钱奖励的方式会更有效。

【微经济 5】小奖不如不奖

有个退休老人独自住在一个偏僻的海边小屋里。可是有一群孩子天天过去捣乱，破坏了清净。老头想了个办法，他告诉孩子们，如果他们以后天天来玩，他就每天给他们每人 5 元钱。果然，孩子们很高兴，天天来玩。过了几天，老人说以后每天只能给他们 5 角钱了，孩子们开始不高兴了。又过了几天，老人说自己已经没钱了，以后每天只能给他们 5 分钱了，孩子们很不高兴，抱怨说给的钱太少了，以后不过来玩了。果然，孩子们不来捣乱了，老头过上了安静的生活。

“小奖不如不奖”的道理可以解释孩子们的矛盾行为：孩子们刚开始去玩只是觉得有意思，有人付钱让他们去玩之后，他们就渐渐忘记了去玩是因为有意思，最后他们去玩就只是冲着钱去的。而外在动力对人们的激励是有限的，所以，老头给的钱太少他们就不去了。这个道理在教育孩子和激励员工上都很有作用，激励的重要原则是不能扼杀了人本身的内在动力。

2. 为精神粮食而战斗

金钱并不是唯一的激励因素，更多的时候，我们还追求道德、赞美、名誉，它们被称为“精神激励”。

【微经济 6】恰当的激励产生更多的利益

美国石油大王洛克菲勒的助手贝特福特有一次因为失误使公司在南美的投资损失了 40%，他觉得自己一定会被批评甚至被解雇。然而，洛克菲勒却拍着他的肩膀说道：“全靠你的经营，替我们保全了这么多的投资，你能干得这么出色，出乎我们的意料。”后来，这位因失败而受到赞扬的助手屡屡为公司创造佳绩，最终成为洛克菲勒公司的中坚力量。

来自他人的鼓励，可以让人产生继续努力的动力。从经济学的角度看，这种鼓励可以来自他人，也可以来自自己，这其实是激励反应原理在起作用。一个恰当的激励可以在不经意间发挥效果，而一个不好的、不恰当的激励，反而会弄巧成拙。所以，如果你是一个企业管理者，不妨多赞扬下属而尽量少批评他们。

【微经济7】内酬心理，比钱更有用的东西

日本有一家专门生产厨具的工厂，在老厂长的带领下，工厂业绩年年增加，订单源源不断。不料，老厂长因病住院，很多事情来不及处理，不久，工厂就陷入了困境，濒临倒闭。这时，病未痊愈的老厂长回来了。他一个工位一个工位地走访，慰问新老员工。对老员工，他真诚地感谢他们的贡献，并鼓励大家一起拼搏；对新员工，他亲切地与他们握手，告诉他们自己的选择没错。老厂长还在恢复后亲自下厨，邀请优秀员工到他家做客。老厂长的举动让员工们深受感动，并努力工作来挽救工厂。一段时间后，工厂重新焕发了生机。

老厂长的鼓励使员工产生了内酬心理，即内心得到满足。来自内部的、良好的感受可以让人焕发全新的精神面貌，激发个人的积极行为。所以，人们应该更多地关注内酬心理，主动运用内酬心理，给予无形的价值。

【微经济8】激励让安全带变得不安全

激励反应就是人们面对激励所作出的反应和回复，它是经济学原理之一，人们的行为背后都存在着激励因素。

20世纪60年代，美国国会通过立法的方式强制汽车生产公司加装安全带等系列安全设备，因为安全带让汽车里的人更安全了。但是出人意料的是，安全带的安装却带来了更多的车祸，虽然驾驶员死亡人数减少，但行人死亡人数和不安全因素却在增加。原来，驾驶员们有了安全保障设备，在开车时就变得不那么小心，甚至无所顾忌、随心所欲。这样一来，就会造成更多的车祸。从经济学的角度讲，安全带法律就是政府采取的一种激励制度，减少车祸人员伤亡数量是一种激励反应，但是同时，安全带隐藏的不良影响也是一种激励反应。

在生活、工作中，激励无处不在，人们也会在被激励的同时激励着别人。懂得激励与被激励，生活才会在良性氛围下变得更精彩。

【微经济 9】为什么你有时诚实有时不诚实

行为经济学家做过一项调查，调查发现，如果超市的收银员多找了 20 美元，90％以上的受试者愿意退给商店；可要是收银员忘了给一件价值 20 美元的商品收费，只有 10％的受试者愿意将商品退给商店。为什么人们在前一种情况下更愿意做出诚实的行为呢？

研究发现，目标的明确与否改变了顾客的行为。前一种情况下，顾客很明确地知道受损目标是收银员，如果顾客不退回 20 美元，收银员就要自掏腰包补上。这样，很多人会因此而觉得内疚。而后一种情况下，顾客对受损目标感觉模糊。顾客不主动说出商品没被收费，结果不过是超市的利润少了 20 美元，受损的是超市股东，顾客们不仅没见过他们，而且认为他们很富有，这点损失不算什么。

人们通常对确定目标的损失感到同情和愧疚，而对于模糊的目标，这种道德情感往往不那么强烈。

【微经济 10】求人，央求不如婉求

古代有个寓言，说有位车夫拉着车上桥，桥很陡，走到一半他实在走不动了，却又不能退下来。于是他急中生智，用力拉着车把，放声唱起歌来。听到歌声，众人都很好奇，前面的人停下脚步看他，后面的人也快步赶上，想看看到底发生了什么事情。而车夫这时故意放松车把，让车开始下滑，众人看见这种情况，纷纷帮忙推车，大家一起用力，车子很容易就被推上了桥。

这位车夫巧妙地利用了人们的好奇心，因为好奇心会激励人们做出“围观”这一行动，其求人策略高超过人。他本来是求人帮忙，结果帮忙却成了别人自觉自愿的行为，求人求得不露声色。要引起别人对你计划的热心参与，就必须从他们的兴趣着手，先诱导他们尝试。正所谓，央求不如婉求，生活中很多地方都可以用到这一策略，比如商业谈判、人才笼络，运用得好，可以不用放下身段就能轻松达到目的。

【微经济 11】为什么奢侈品那么贵还有那么多人买

如今，一些人对奢侈品的追逐到了让人吃惊的地步。他们在古驰

（GUCCI）专卖店大肆消费、包揽同一款型不同颜色的所有名包，喝价值上万元的路易十三，身着名牌服装，开着顶级豪车，出入五星级饭店。另外，据报道，国际钻石巨头多乐美在北京推出 88 粒克拉级大钻（每克拉 2.9 万元起价）试销，预计销 3 个月，没想到 2 个月内就销售了 74 粒，可见奢侈品消费之惊人。

那些人不怕价格高，往往是某种产品价格越高他们就越喜欢买，他们通过购买并拥有这些奢侈品来显示自己的身份、地位与财富，这被称为虚荣效应，隐藏在这些炫耀性消费后面的正是虚荣心。若是降低宝马车的价格或者是使古驰大众化，他们就会对这些产品不屑一顾。无论炫耀性商品如何彰显一个人的身份、特权，我们都应该只是量力而行，避免不理智的、满足虚荣心的炫耀性消费。

【微经济 12】 你是否也被配套效应忽悠了

销售员小赵最近在推销一套古典名著系列图书，这套书装帧精美，价格不菲。这天，小赵按预约来到一位老板的办公室。小赵见老板身后的书柜挺高档，就对书柜赞叹不已，反而不直接说买书的事。小赵对老板说："您的书柜真讲究，很高雅，跟您的气质也般配，是您自己设计的吗？"老板一听就有了兴致，于是和小赵谈起了书柜。小赵说："这么高雅的书柜，再配上一些高雅的书籍，比如中外的名著，那就更好了！"就因为这一句话，老板爽快地买了一整套书。

小赵正是利用了配套效应来激发老板买更多的商品，这种配套效应在消费中很常见。比如，在时尚杂志社工作的白领，常常购买一系列的奢侈品来匹配工作环境。然而，人的欲望是无限的，当配套效应引导我们出现不当的欲望时，最重要的是保持清醒。

【微经济 13】 示范效应引领消费时尚

《墨子》中记载了楚王好细腰的故事，讲的是楚灵王喜欢苗条腰细的宫女。于是宫女们为了得到楚王的宠爱而纷纷节食，结果个个饿得面黄肌瘦、弱不禁风。墨子对这件事当然持讽刺的态度，但从现代经济学的角度看，楚王好细腰的"示范效应"有其商业价值。

示范效应就是某个人（或群体）的行为被作为榜样，其他人向他学习而产生的影响，也就是“榜样的力量是无穷的”。消费时尚就来自示范效应，其实质是上层人士的消费习惯被群众模仿而成为一种时尚。企业的产品要能满足消费者的欲望才能有市场，因此，企业一定要关注消费时尚的变动，要盯住发达国家与上层人士的消费行为，抓住商机。同时，企业还要注意，利用消费时尚要领先，并要时刻适应消费时尚的变动。

3. 警惕被“诱惑”所诱惑

大千世界，纷繁复杂，我们总是在追求美好的东西，但是，美好也许只是诱惑，也许只是让你做出错误行动的激励因素。

【微经济 14】 如果你有两只手表，请扔掉一只

佩戴一只手表可以非常方便地让你知道现在是什么时间。但如果让你佩戴两只显示时间并不相同的手表，你该相信哪一只呢？在没有其他工具或信息的帮助下，你无法确定哪一只能告诉你正确的时间。

人们把这称做“手表定律”。哲学家尼采有一句名言：“兄弟，如果你是幸运的，你只要有一种道德而不要贪多，这样，你过桥会更容易些。”我们在做一件事情的时候也是这样，如果同时设定两个不同的目标，往往哪一个都无法达成。举个非常通俗的例子，恋爱中如果脚踏两只船，很可能两个对象都会离你而去，自己落得孤单一人的下场。目标超过一个往往会使我们把有限的力量分散开来，在工作中顾此失彼、手忙脚乱。想要克服“手表定律”，我们需要做的是搞清楚自己真正想要的是什么，确定一个目标，把其他无关枝节都砍掉，然后朝着这个目标坚持努力。

【微经济 15】 晕轮效应，美丽的面纱

以下是俄国著名大文豪普希金的故事：

娜坦丽被称为“莫斯科第一美人”，美貌惊人。普希金狂热地爱上了她，后来和她结了婚。可惜娜坦丽并没有非凡的智慧和高贵的品格，她与普希金志

不同道不合。对于普希金写好的诗，她一眼都不会看，普希金读给她听，她就捂着耳朵说："不要听！不要听!"反而总要普希金陪她游乐，出席一些豪华的晚会、舞会。为此，普希金丢下了创作，债台高筑，最后还为她决斗而死。

普希金就是被晕轮效应所害，娜坦丽美丽的容貌掩盖了她并不高尚的心灵，而普希金只看见了那一圈光环。

日常生活中，晕轮效应往往是悄悄地却又强有力地影响着我们对人的知觉和评价。我们要学会规避普希金所遇到的这种负面的晕轮效应，也要好好利用正面的晕轮效应。例如，在商业广告中利用明星身上的光环。

【微经济16】不要被生动性描述所迷惑

小王打算买一辆新车，在汽车店，销售员说得天花乱坠，提供了很多证据证明小王看上的新款车的可靠性。小王觉得不错，于是决定买下这辆车。哪知销售员又向他推销一份价值500元的服务合同，他对小王说："您可别觉得这500元是毫无用处的，它是一份长期的保证，在这个期限内，您的发动机坏了我们都可以给您换一个新的。如果没有这个，到时，您就不得不花1 200元买一个新的发动机。500元和1 200元相比，是多么便宜。"

销售员的描述是不是生动无比？但如果你足够理性，就应该忽略这些生动性描述。仔细分析销售员向你提供的种种有关汽车好的证据之后，你也许会发现销售员已经告诉过你，这辆车的发动机质量很好，完全没有必要多花这500元。生动性是专业说服者说服别人的一个秘密武器，而决策者决策时要坚守自己的目的，紧紧围绕这一目的审视信息、制定方案。

【微经济17】延期陷阱让你成为"卡奴"

据2009年的一则新闻报道，一位女白领在上海工作，非常热衷于购买高档化妆品和服饰，极少能抵挡这些物品的诱惑。在这些高档品面前，她的经济显得拮据，于是开始办信用卡消费，有时甚至一口气办六七张额度超过一万元的信用卡。但是，信用卡额度透支完后，她却无法还债，只能冒险以卡养卡，用近百张信用卡循环套现。结果在不到三年的时间里，她欠银行的款就高达几百万元，最终被告上法庭。

其实，故事中的女白领上大学时也是十分节俭的人，只因刷卡消费让她感受到了消费的乐趣、忽略了金钱的损失感。心理学家称其为延期陷阱，它使人们因为短期看不到痛苦而忽略后果。先买后付的信用卡所提供的延期付款模式就是给人们的消费心理设置了一个陷阱。要避免这一陷阱，人们就不能给自己延期的机会，譬如只用现金付款。

【微经济 18】有趣的东西也许只是干扰

一位女士去参加一个商务宴会，坐在了一个销售员旁边，销售员得知女士对自己出售的真空吸尘器感兴趣，就非常热情地向她介绍自己产品的特点。一开始，女士津津有味地听着，可过了一会儿，她听到旁边有人在谈论她的某位朋友的趣事，就转移了注意力。那些趣事都是她所不知道的，听后她就忍不住轻轻地笑了。销售员以为是自己的介绍让女士很感兴趣，于是说得更加起劲。而事实上，女士对他后来的介绍都没有注意听。

这就是决策心理学中的“干扰效应”，当一个人同时关注很多信息时，若是没有明确的目标，就很容易受到干扰。我们每天都被纷繁的信息包围着，作出选择时，也容易被错误的信息干扰，从而对事情产生错误的认知，作出错误的判断或决策。不管是选择商品还是理财产品，对我们来说最重要的是先明确自己的目标，并掌握信息的区别性特征，在此基础上再进行搜索。

【微经济 19】小心你的眼球效应

早在 1996 年，英特尔公司的前总裁安迪·葛洛夫就曾经这样预言：“整个世界将会展开争夺眼球的战役，谁能吸引更多的注意力，谁就能成为未来整个世界的主宰。”

这句话说的就是眼球效应对于商家的重要性。为了吸引别人的目光、引起人们的注意，商家通常采取各种手段来制造醒目、轰动的效果。比如，马路边、电视上的广告，店面上各种别出心裁的招牌等。

当然，眼球效应有时会迷惑我们。比如在投资宣传中，很多上市公司、银行都推出了自己的理财产品，用高收益诱惑着广大投资者，然而，真正能得到这笔高收益的人又有多少呢？所以，作为投资者，我们尤其要注意那些不停变动的红绿点数对我们的诱惑，理智作出选择，保证自己的投资利益不受损害。

【微经济20】“多多益善”不如“只收一元”

有两个乞丐一起到一个谋士那里“取经”，希望谋士能告诉他们轻松讨到大笔的钱的办法。谋士拿出两块分别写着“多多益善”和“只收一元”的牌子，让他们自己挑。并且告诉他们，拿“多多益善”牌子的人在别人给了自己钱之后要对别人说：“多给点吧，多给点吧”；拿“只收一元”牌子的人不能多收别人一分钱，即使别人多给了也要主动找零。乞丐甲仗着个头大，抢着拿走了“多多益善”，乞丐乙只好拿走了“只收一元”。一年之后，两人再次来到了谋士家里，只是，乞丐甲依然穷、酸、臭，还被别人打得鼻青脸肿；而乞丐乙却衣着光鲜，不再是乞丐，他在一年的时间里讨到了许多钱。谋士告诉乞丐甲，他讨不到钱的原因只在“贪多必失”。

生活中的我们要多学学乞丐乙，不能像乞丐甲一样贪得无厌，尤其在投资过程中更不能贪多，要做到该收手时就收手，贪多的人只会更容易被套住，只有知足常乐的人才能更富有。

【微经济21】警惕“收市时价格低”的心理

有一奸诈小贩，到处卖假货骗人，一天傍晚时分，拉着十几斤香油到了某镇。小贩声称自己与朋友当日批发了200多斤香油，因香油质量好，一天下来只剩了十几斤，为了早点回家，所以低价出售。一些农民信以为真，认为一般东西都是“收市时价格低”。又打开油桶，见里面金光灿灿，香气扑鼻而来，用手指轻蘸一尝，是香油之味，于是纷纷掏钱购买。哪知当晚就有人上吐下泻。后来他们才得知，原来那香油竟是放了很久的茶水，只有上面飘着的一层是香油。

奸商正是利用了消费者“收市时价格低”的心理，在收市时将假冒伪劣产品拿出来以低价卖出去。消费者不知受骗了，还以为自己捡了便宜。须知“便宜无好货”，如果下次你再碰到“收市时价格低”的情况，可一定要仔细辨认，以防上当受骗。

【微经济22】高收益吗？也许只是庞氏骗局

查尔斯·庞齐是19世纪的一位意大利裔投机商，移民到美国后，他开始

贪多必失

生活中的我们要多学学乞丐乙，不能像乞丐甲一样贪得无厌，尤其在投资过程中更不能贪多，要做到该收手时就收手，贪多的人只会更容易被套住，只有知足常乐的人才能更富有。

策划一个阴谋，骗人向一个子虚乌有的企业投资，许诺投资者将在三个月内得到40%的利润回报。然后，狡猾的庞齐把新投资者的钱作为快速盈利付给最初投资的人，以诱使更多的人上当。由于前期投资的人回报丰厚，庞齐成功地在七个月内吸引了三万名投资者。这场阴谋持续了一年之久，被利益冲昏头脑的人们才清醒过来。后人称之为“庞氏骗局”。

如今，各国都广泛存在各种各样的骗局，但大都是换汤不换药、从庞氏骗局变换而来。并且都具有低风险高回报的反投资规律特征，以及拆东墙补西墙的资金腾挪回补特征。理性的投资者应该知道这些只是虚假的高回报诱惑，投资需要耐心，需要长时间的积累，没有什么好的投资方法可以让你在短时间内暴富，即使有，它蕴藏的风险也是极大的。

【微经济23】天下没有免费的午餐

“天下没有免费的午餐”，女性们应该深知这句话的意思。现在，在各个大超市、大商场，都会有一些推销人员站在门口，告诉你可以领取免费的化妆品赠品，等去了才发现这赠品不仅不免费，还很贵。

成千上万的人都认为自己能够轻松致富，总做着一夜暴富的美梦，然而，“天下没有免费的午餐”原则提醒我们，勤劳、节俭、天赋才是真正的致富要素，要小心那些太过美好的机遇。

第3章

拿什么来做决策

【信息和信号传递】决策离不开相关的信息，但我们所拥有的信息要么不足，要么太多。信息不足有好处，信息太多也存在劣势。如何“创造”足够的信息或“拈出”有用的信息就成了决策的关键。

1. 信息不充分也不要紧

我们不可能准确知道所有的信息，这给我们的决策增加了很多困难，但若是能巧妙利用不对称的信息，我们也能取胜。

【微经济 1】 让信息成为你的制胜法宝

明朝正德年间，有个叫郑堂的秀才开了家字画店，生意很好。有一次，他被一个叫龚智远的人以一幅假的名画《韩熙载夜宴图》骗了，差点儿损失了 800 两银子。典当时约好典当金是 800 两，赎回时龚智远需付 1 500 两银子。赎期过了，郑堂才知道自己被骗，却出乎意料地在家大宴宾客，席间，郑堂将龚智远的那幅画扔进火炉烧了，并发誓再不收假画。那龚智远也是贪心，以为自己的画已烧，于是第二天就上门取画，还解释说是有事误了期限。郑堂也未多说，只是说多付利息就可以了，并拿出了原画，龚智远只得交付银两。原来，郑堂烧的画只是他为了引出龚智远而仿造的。

经济学上有信息不对称这一概念，指的是交易中的各人拥有的信息不同，有人掌握得多，有人却信息贫乏。龚智远典当假画是利用了信息不对称，而郑堂怒烧假画，引出骗子，更是巧妙地制造了信息不对称。生活中，无论怎样，我们总有处于信息劣势的时候，这时就要根据实际情况，甄选出对自己有用的信息，并善加利用，让信息成为我们的制胜法宝。

【微经济 2】 朝堂上的信息不对称——缺少沟通

《康熙王朝》中年幼的康熙曾说："皇上之所以喜欢杀人，是因为皇上害怕。"此话不假，自古以来，帝王大都多疑，历史上，皇帝杀重臣的例子比比皆是。越王勾践杀了文仲，刘邦和韩信相互猜疑造成了韩信的悲惨结局，汉武大帝雄才大略，但仅杀害的丞相就有六位之多。

在经济学家看来，是信息不对称造成了皇帝杀重臣的现象。打天下时，皇帝和功臣是同盟，生死共存，而建立王朝后，皇帝和功臣就成了买卖人。功臣作为卖方，总是抬高身价，以得到更多的权力；而皇帝作为买方，就如同消费者一样，总认为功臣会觊觎自己的江山，对自己不忠，所以采取各种方法削弱他们的权力。

生活中，员工和老板、夫妻之间、朋友之间都由于信息不对称而充满了怀疑，解决办法是，当你心生猜疑的时候，应该积极采取有效的沟通来消除疑虑，可以是诚恳的态度，也可以是制度的约束，比如商家的“三年保修”承诺。

【微经济3】 信息失真，你信还是不信

大家都知道“曾参杀人”的故事，说的是：曾参的母亲在家织布时，有人过来告诉她曾参杀人了，曾母不相信，因为儿子的善良她是知道的。不一会儿，又有人过来告诉她曾参杀人了，曾母仍不信，却有些不安，没有心思织布了。过了没多久，又有人来说同样的话，而且还说得有凭有据，曾母就信以为真了，泪如雨下。哪知曾参突然回来了，原来杀人的那个人只不过是恰好与曾参同名同姓而已。

这个故事的寓意也可以说是“三人成虎”，但从经济学的角度看，这是信息失真的结果。人们总是通过别人传递的信息来了解其他事物的，由于我们不能完全知道事物的真实信息，加上不同的人对同样的信息会有不同的理解，所以现实生活中信息失真的现象很常见。这时，我们要“独具一双慧眼”，善于发现失真的信息，让真实信息成为博得最大利益的砝码。

【微经济4】 多一些信息确认

几位朋友在饭店吃饭，有一个人要了一份紫菜蛋花汤，特别叮嘱服务员要把鸡蛋和紫菜多放一倍。服务员把菜单拿给厨房人员时说道：“客人要求在汤里多放一些鸡蛋和紫菜。”厨房人员把菜单传给做此菜的主厨时说：“一份紫菜蛋花汤，放点鸡蛋和紫菜。”结果，客人所见到的紫菜蛋花汤跟原来的一样。

毫无疑问，饭店的服务员、厨房人员等在传递客人对汤的要求时出现了信息失真。其原因是，我们在听别人说话时，会不自觉地作出一些判断，而这些判断往往是我们自己的主观臆断。这种现象在生活中也很常见，并且还会导致很多冲突，那么该如何避免呢？诀窍在于“确认”。我们在沟通中需要认真确认，并且这个确认过程需要有一定的连续性。如果沟通过程的参与者不止一个人，那么就需要所有人都进行确认，不能因为传递失误而导致信息被扭曲。

【微经济 5】 抢占先机，使对方陷入困境

伍子胥出昭关的故事很多人都听过，因为一夜愁白了头才得以过关。但《战国策》里记载了另一个故事：伍子胥在逃亡中，被守关的斥候抓住了，斥候要带他回去见楚王。伍子胥说："楚王之所以要抓我，是因为有人跟楚王说我有一颗宝珠，可是我的宝珠已经丢失了，但楚王不相信我，我只好逃走。现在如果你把我交给楚王，那么我就说你偷了我的宝珠并且吞进了肚子里。楚王为了得到宝珠一定会先把你杀掉，还会剖开你的肚子，把你的肠子一寸寸剪断来找宝珠。这样我活不成，而你会死得更惨。"斥候信以为真，非常恐惧，于是放了伍子胥。

本来，伍子胥已经被抓，处在了劣势之中，但他清楚此时斥候尚不知楚王抓自己的真实原因，这就是信息不完全。于是，伍子胥抢占先机，宣布自己将无条件进行报复，表示会反咬一口。这种威胁关乎性命，而抓不到伍子胥不是斥候一个人的责任，他只能选择相信和放人。在商业谈判的劣势中，人们也可以广泛利用伍子胥这一招来使对方陷入困境，转劣为优。

【微经济 6】 张飞妙用自身弱点，赢得主动

《三国演义》前十几回中，张飞的形象是：好饮酒，逢酒必饮，每饮必出事端。人们总说"江山易改，本性难移"，可这张飞在第七十回中，却有了不一般的表现，大概是经历得多了，也就有主意了。第七十回，张飞与张郃在瓦口关决战，张郃凭着有利地势，坚守不战。张飞本想引其出战，但无论将士如何大骂，张郃就是不出来，后张飞无奈，于是在山前扎寨，每日饮酒，大醉之后，就坐在山前辱骂。张郃素知好饮酒是张飞的弱点，以为张飞这次也是大意轻狂，于是引兵从山侧偷偷进攻张飞的营寨，不料被张飞杀得大败。张飞夺得三寨，大获全胜。

显然，张飞已经学会了用自己的弱点来麻痹迷惑对手。在现实活动中，为了防止信息不对称，人们往往想尽办法了解自己和对方的优势及弱点，以便利用对方弱点作为突破口。但信息不对称是时刻存在的，在这种情况下，双方都可以利用自己的弱点来麻痹对方，赢得主动。

【微经济7】信息不对称下，你需要高质量包装

有位朋友对我讲过自己在超市买葡萄酒的故事，他在超市看见一张桌子上摆着的无核葡萄酒定价是每磅15分，另一张桌子上摆放的一模一样的无核葡萄酒包装好了，每磅是35分。他就问销售员这两种葡萄酒的标价不同，有什么区别？销售员回答他："不同在它的包装，装在袋中的酒的销售量是另一种的两倍，因为比较好看。"

和商场中的商品一样，人也是包装得越好，传递出的信息就越好，也越容易让别人接受。因为存在信息不对称，所以一般人都是凭外表来评价不熟悉的人，而且，第一印象重要而不容易改变。所以，不管是男人还是女人，平常都要注意自己的衣着打扮，正所谓佛靠金装、人靠衣装，不妨给自己添置几件好衣服。同时，不论是买帽子、鞋子还是大衣、套装，不需买多但要买好，做到了这一点，你自然会达到自重人重的效果，同时也更省钱。

【微经济8】黔驴技穷中的毛驴能否多活几日

黔驴技穷的故事本意是讽刺一些虚有其表、外强中干、没有真才实学的人。但我们不妨换一个角度，来说说驴子。

毛驴刚到贵州时，老虎见它个头大，不知其有多大本领，老虎深知，在不知对方底细的前提下，不能轻举妄动。于是偷偷观察毛驴。可见，毛驴强大的外表为它赢得了更多的生存时间。有一天，毛驴忽然大叫一声，老虎以为毛驴的本事很大，急忙逃走。但当老虎熟悉了毛驴的叫声以后，就开始挤碰毛驴，故意冒犯它，想看看毛驴到底有什么本事。结果毛驴忍无可忍，踢了老虎，老虎这才知道了毛驴的真正本事，所以扑过去吃了它。总的来说，毛驴慢慢地将自己的弱点暴露在了老虎面前，让老虎知道了底细，结果被吃掉了。

设想一下，如果毛驴能够利用开始的一段时间进行"学习"，掌握新的技能，那它至少能多活一些日子。如果一个人处于毛驴的位置，就要懂得利用一些外在的特征先迷惑住对方，然后慢慢想办法提高自己，沉着应对。

2. 传递信号，证明你的能力

信号传递在一定程度上可以克服信息不对称造成的市场经济无效率。

【微经济 9】 文凭——区分高低的信号

中国的高等教育制度一直受到一些人的质疑。很多人认为大学四年学不到真正的本领，浪费了大好的光阴。但让人感到无奈的是，找工作的时候这一纸文凭显得非常重要。因此很多人主张选拔人才要重能力不重学历。此话似乎很有道理，但试问，假使教育制度很糟糕，那么文凭就真是一张没有实际意义的纸么？

换个角度看问题，我们会发现文凭还是有一定用处的。在企业招聘和大学生应聘的过程中，双方并不是一开始就互相了解的，而且短暂的应聘过程中应聘者也不见得能把自己的能力充分展现出来。在这种时候，应聘者需要向招聘者传递一些有用的信号以证明自己的能力。而文凭就是这样一种信号。一个拥有高学历的人员，具有更高能力的可能性要更大一些。原因并不全是更高的学历意味着更好的教育，而是一般情况下你必须拥有更高的能力才能获得更高的学历。

【微经济 10】 创造难以造假的信号，让自己突出

经过调查人们发现，在鸟巢里叫得越大声的雏鸟越容易得到双亲叼来的虫吃，这个看似简单的现象背后的原因可以用难以造假原则来解释。难以造假原则是指，如果潜在对手对某个信号难以造假，或因为成本太高而无法造假，那么这个信号多半比较真实可靠。

鸟巢里的每只雏鸟都希望能得到尽可能多的食物，所以都会大声叫唤，表明自己很饿。在这种大家都大声叫唤的情况下，某只单独的雏鸟的声音是很难被注意到的。要想被注意到，只能尽量提高自己的声音。实验显示，越饿的雏鸟叫起来声音越大，这就是难以造假的信号。

人才市场中的各类文凭、商家的信誉保证都属于这类信号，所以，如果想脱颖而出，更多地吸引别人的注意力，就应该像雏鸟一样，更多地发出这种难以造假的信号，让别人了解你的能力。

【微经济 11】 高手间的较量重要的是信号传递

某个武侠剧中，有一位武林豪杰甲不想再插手武林争端，于是选择在某个交通要道边开了一家酒馆，生意十分兴隆。这引起了另一位高手乙的垂涎，乙决定打败甲后霸占酒馆。两强相遇，双方互不知底细，故比试不可避免，但双方均不想因为打斗而有所损伤，遂通过其他方式来比试。甲拿来 5 块砖，一掌将其击碎，乙也不示弱，同样击碎 5 块砖。于是，甲又拿来 10 块砖，照样一掌击碎，乙见此情况，心中没底，明白自己武功差一截。于是，乙甘拜下风，弃战而去。

从博弈的角度说，这是一个信号传递博弈。甲身怀绝技、天下无敌，但并不是所有人都清楚他的本领到底有多大，只有比试一场方可知晓。甲为避免争端，以掌击碎砖块，向外界传递“我很强”这一信号。生活中，我们也难免遇到冲突，这时，如果能巧妙地利用信号传递，传递出某些有用的信息，就能缓和甚至避免正面冲突，而问题也能得到解决。

【微经济 12】 善于抓住会“出卖人”的行为

著名的“所罗门王断案”说的是这样一个故事：两个女人为争夺一个婴儿而来到所罗门王殿前，两人都说婴儿是自己的，请所罗门王做主。所罗门王稍加思考后作出决定：将婴儿一刀劈成两半，两个女人各得一半。这时，其中一个女人马上请求将婴儿判给对方，说婴儿不是自己的，应完整归还对方，不能将婴儿劈成两半。所罗门王据此作出最终判决——将婴儿判给请求不杀婴儿的女人。

那位真正的母亲虽说不要孩子，但实际上是传递出了信息，因为真正的母亲宁愿失去自己的孩子也不会让孩子被劈成两半。所罗门王知道这一点，所以才设计了这一方法。所罗门王的这种设计在生活中其实很常见，比如各种考试、招聘、职称评定等，只要设置出恰当的规则，令不同类型的人作出不同的选择，观察者就可以通过观察人们的选择而反过来推演出他们的真实特征。

谁是真正的母亲

真正的母亲宁愿失去自己的孩子也不会让孩子被杀死，所罗门王正是知道这一点，所以才设计了这一判案方法。对于各种考试、招聘、职称评定等，只要能设置出恰当的规则，令不同类型的人作出不同的选择，观察者就可通过观察人们的选择而反过来推演出他们的真实特征。

【微经济13】要威胁可信，就要有承诺行动

一个姑娘爱上一个小伙子，决定嫁给他，而姑娘的父亲坚决不同意。他告诉姑娘，如果她和小伙子结婚，就和姑娘断绝父女关系。姑娘有两个选择，一是断绝恋人关系，二是坚持结婚。如果这姑娘知道市场进入博弈中的不可置信威胁，她大概会选择勇敢地和小伙子结婚，最终父亲也会接受这个他本不太喜欢的女婿。原因在于，父亲的威胁是不可信的，如果姑娘真的和小伙子结婚，那么他和姑娘断绝父女关系只会让自己更加痛苦。

这个例子中父亲的威胁不可置信，缺少承诺行动。而所谓承诺行动，是指当事人使自己的威胁战略变得可置信的行动。成语“破釜沉舟”就是这个意思，项羽与秦军交战，领兵过河后就砸釜沉船，就是承诺行动。

【微经济14】想赚更多的钱吗？化妆吧

网上有一则外国女子沃里克写给经济学家的一封信，沃里克说自己的男朋友越来越重视穿衣打扮，而自己很担心。经济学家告诉沃里克，如果她想让自己的男朋友赚更多的钱，就不要阻碍男朋友打扮。因为外观好的人能赚更多的钱，外在的美和内在的美同样重要。

经济学家丹尼尔·哈默迈什、孟昕和张俊森发现，上海工人在服饰、化妆上的花销，会使其收入略有提高。艾伦大学经济系的杰欧提·达斯和斯蒂芬·德娄阿克也证实：花费时间进行装扮，薪资水平会明显提高，这一点对于男人而言尤其如此。他们估计，男人在镜子前面每多花10分钟，他的薪水就会提高6%，而女人要达到相同的效果则需花费2～3个小时。显然，男人打扮的收益率会更高。

可见，男人也需好好打扮，打扮不只是女人的事。

【微经济15】除了实际价值，你还需要虚拟价值

在笔记本电脑市场中，××笔记本电脑以“价格低廉”著称。如果你去电脑城逛一逛，常会看到这款笔记本电脑的广告中最醒目的往往就是超低的价格数字。但如果你看看周围的同学或同事，用这个品牌笔记本电脑的人并不多。即使预算拮据，人们也很可能多花几百元去买那些大品牌的低端型号。

××笔记本电脑所处的尴尬境地其实是因为它一开始就使自己的品牌定位过低，忽视了价格之外还存在许多影响笔记本电脑销售的因素。其他一些大品牌电脑的低端型号卖得非常好，一部分原因就是它们通过高端旗舰型号的产品提高了其产品的价值，尤其是虚拟价值。

提升产品的虚拟价值这一原则也适用于个人，在找工作过程中，通过将自己更好地包装，我们就更能将自己推销出去。

【微经济 16】“难觅商品商店”的成功之道

有一位叫郑向宏的技术工人，辞职开了一家“难觅商品商店”，何为“难觅商品商店”？就是专卖人们平时很难看见、却又很需要的一些商品的商店，比如重量不超过五公斤的折叠式自行车、带毛刷的家用刷鞋机、小孩尿床时及时提醒家长的尿湿报警器等。“难觅商品商店”吸引了大批市民，仅仅一个月，商店的纯收入就达到了 2 万元。

正所谓“物以稀为贵”，人性就是如此，越是难以得到的东西，在人们心目中的地位越高，价值就越大，对人们就越有吸引力；轻易能得到的东西或已经得到的东西却往往被忽略了。“难觅商品商店”正是巧妙地运用了人们的这种心态：越是难得到的，人们越喜欢。大多数广告宣传都极力表现出一种完美的、理想化的梦幻生活方式，以吸引人们的眼球，也是一样的道理。

【微经济 17】错误的郁金香价值估计颠覆殖民帝国

17 世纪发生在荷兰的郁金香事件，是人类历史上第一起大规模投机泡沫事件，该事件是由社会集体投机赚钱的获利心理造成的。究其原因，就是人们忽略了郁金香的内在价值，掉入了投机陷阱中。开始时，郁金香象征着尊贵的身份和地位，其价格不断上涨。慢慢地，一些投机商人开始囤积郁金香球茎，并开始交易郁金香球茎的买卖合同。郁金香球茎价格不断上涨，远远超出了其本身内在价值，然而，投机商人总相信还有比自己更傻的人会出更高的价格来购买自己手中的合同，所以郁金香泡沫愈演愈烈。最后，一夜之间，泡沫崩溃，郁金香市场顿时从遍地黄金的天堂变成了逼债讨债的地狱。

郁金香事件也使荷兰经济遭受了沉重打击，荷兰开始走向衰落。种种后果，都是忽略商品的内在价值导致的。内在价值取决于投资对象未来的长期现金流，未来的现金流又取决于投资对象未来的盈利状况。内在价值是投资的根本所在，是评估项目优势的有效依据，也就是说，内在价值如何才是可否投资的信号。

【微经济 18】 成为人才市场的“奇货”

战国时，大商人吕不韦到赵国的都城邯郸做生意，偶然认识了在赵国做人质的秦昭王的孙子异人。当时，秦、赵两国经常交战，赵国并不优待异人，他甚至连冬天御寒的衣服都没有。吕不韦了解这个情况后，立刻想到，在异人的身上投资会换来难以计算的利润。他买通了监视异人的赵国官员，并对异人说：“我想办法让秦国把你赎回去，立为太子，那么，你就是未来的秦国国君。你意下如何?”后来，异人果真即位，他的儿子就是秦始皇，称吕不韦为仲父，吕不韦权倾天下。

吕不韦深谙市场供求关系，以一个商人的敏锐眼光发现并成功囤积了“异人”这一奇货，并得到了巨大的收益，这就是“奇货可居”。当某物供过于求时价格就会下降，供不应求时价格就会上升，这是大家熟知的道理，商人对此更是应用自如。但奇货可居不仅仅针对商品，对人才也同样。如今的人才市场人虽多，但真正的人才少，只要你是“奇货”，自然就会有高的身价，会被哄抢。

3. 于纷杂信息中练就火眼金睛

信息过多就会对决策造成干扰，我们需要提高自己识别关键信息的能力。

【微经济 19】 麦穗哲理，怎样找到最大的麦穗

传说哲学大师苏格拉底曾带弟子到一片麦地，让他们从中选出最大的麦穗，但是不能走回头路，也只能摘一支。第一个弟子刚走没几步就摘了一个自认为最大的，当后面还有更大的时，就后悔不及。第二个弟子一直走一直挑挑拣拣，直到快要到终点才发现最大的已经错过了，想回头也不行，只得

随便挑了一支。第三个弟子却先将麦田分为了三份，第一份只看不摘，分辨出大中小，第二份用来验证第一份中的划分是否正确，然后在第三份中选择了最大的一支。

数不清的麦穗中哪一支最大？这只有在错过了之后才会知道，可世事往往是不可回头再选的。所以，重要的是像第三个弟子一样先调查研究再作出决定，才能选出合适的，这就是麦穗哲理。在机遇、选择工作甚至投资决策中都有能用到麦穗哲理的地方，我们要做的就是：凡事认真观察，理智分析，果断决定。

【微经济 20】 天下没有什么坏买卖，只有蹩脚的买卖人

有三个人去向和尚推销梳子。第一个人对和尚说梳子可用来刮头皮进而通经络，有利于背诵经文，于是卖出去一把梳子。第二个人对和尚说，拜佛的时候用梳子刮刮头皮表示尊敬佛祖，可以体现众弟子对佛祖的虔诚，于是和尚给他的弟子每人买了一把梳子，第二个人卖出去十把梳子。第三个人对和尚说，如果给来庙里上香的人每人一把梳子，意味着可以梳走晦气带来好运，也可以让他们清醒头脑看破红尘，这是一件功德无量的事情，庙里的香火也会越来越旺，于是他卖出去三千把梳子。

故事里三个人不同的推销策略很好地解释了哈默定律——天下没有什么坏买卖，只有蹩脚的买卖人。哈默定律是犹太人阿曼德·哈默成功经验的浓缩，告诉我们，世上的事情只有想不到，没有做不到，办法总比困难多。关键的是，我们要学会抓住别人身上对我们有用的信息，并以对别人有利的方式表达出来。

【微经济 21】 避开选择性注意，把你的视角放宽

心理学家设计过这样一个实验：他们告诉被试，在即将播放的篮球比赛录像带中，两个队的队员分别穿着白色和黑色的球衣，被试需要在观看时准确地记下穿白色球衣的队员们投篮的次数。篮球赛放映一段时间之后，一个装扮成大猩猩的人到赛场中间走了一圈，几分钟后，“大猩猩”又跑到场地中间，东走走，西逛逛，甚至还停下来使劲拍打自己的胸脯。半场比赛结束后，研究人员搜集了被试记录的投篮次数，与实际结果误差不大，但是，当问及

是否在观看录像带的过程中看见大猩猩时，大部分人都说没有。

这就是心理学家所说的“选择性注意”的作用，人们一旦把注意力都集中在某个特定范围或者目标上，就会对这个范围以外的世界熟视无睹。选择性注意对全面认知和理性决策来说，常常是弊大于利。因此，做一项决策时，不如先退一步，从一个更宽广的范围看一下整个局势，以防忽略某个重要信息。

【微经济22】你需要学会一心二用

你一定记得金庸的著名武侠小说《神雕侠侣》中老顽童教给小龙女左手画圆、右手画方的“一心二用术”，这“一心二用术”就是心理学上所说的注意分配。所谓注意分配，是指一个人在同一时间内注意两种或两种以上的刺激，或将注意力同时分配到不同的活动中。注意分配在日常生活中很常见，如边看电视边吃饭、边走路边看书、边开车边说话等。注意分配可以帮我们提高决策中关键信息的识别效率。

心理学家曾对这种“一心二用术”进行研究，他们发现，如果让实验者同时执行两项任务，刚开始时他们表现很差，但训练一段时间后，实验者就能较好地同时完成两项任务。这说明，我们可以通过不断的练习提高自己注意分配的执行速度和准确度。将其应用到生活中，我们就能从更全面的角度进行判断和决策，因为大多数决策都需要关注大量的信息。

【微经济23】投机时，警惕自己成为最大的傻瓜

我们说过，理性投资关键的一点是掌握投资品的内在价值，然而，大多数人所做的都只是投机。投机和赌博不完全相同，投机行为背后隐藏着“博傻理论”。它指的是人们的投机行为并不完全依赖于该物品的实际价值，更多时候，它依赖于其他投资者的心理，也就是说，投机行为是建立在对大众心理的揣摩之上。在郁金香事件中，人们虽然知道郁金香球茎不值那么多钱，但仍然愿意花高价买入合同，只不过是人们相信有人比自己更傻，自己能够从转手交易的差价中获取高额利润。

很显然，这种投机行为有很大的风险，因为如果没有“更大的傻瓜”出现，那么自己就是“最大的傻瓜”，将遭受巨大的损失。很多人被投机行为后

面的高收益所诱惑，冒险进行投机行为。在市场狂热的时候，你需要结合物品价值，根据大众心理去思考问题，也要懂得适可而止。

【微经济 24】 洞察匮乏性动机

公元前 607 年，郑国伐宋，宋国右师华元率兵抵御。为了鼓舞士气，决战前夕，华元杀羊分肉给将士们，却因为疏忽而漏掉了为他赶车的羊斟。虽然只是一碗羊肉，并且华元并非有意而为，但羊斟却非常在乎，对华元心生怨恨。于是，在华元登上自己的战车、两军即将开战时，羊斟展开了报复行动——开动战车，直接将华元送进了郑国的阵营。

羊斟的做法为世代君子所不齿，但其行为从另一方面来看却是情有可原。心理学家以及经济学家研究人们行为时发现，人是以自我为中心的，尤其是在匮乏性动机激励面前。（匮乏性需要是指完全靠外界才能满足的需要，诸如生理需要、安全需要、情感需要、尊重需要等。人的诸多行为和决策都是从满足匮乏性需要出发的。人因匮乏性需要而产生匮乏性动机。）洞察匮乏性动机，也就为你应对他人和事物提供了判断的依据。

【微经济 25】 思考越多，选择越糟糕

投资人乔治·索罗斯曾说过，他最信任的就是自己的直觉，并讲了自己的一个故事。有一次制定投资方案时，索罗斯突然感觉背痛。这个疼痛来得太突然，之前毫无征兆，他感到非常奇怪。于是，索罗斯联想到了自己的投资方案，莫非是投资方案有问题？索罗斯开始仔细审查投资方案，结果真的发现自己忽略了一些重要资讯。

直觉的这种作用看似不可思议，但心理学家证实，它的确能帮助人们处理复杂的信息、理清思路。此外，荷兰瑞德邦大学的心理学家艾普·狄克斯特修斯还通过研究发现，人们在作出某些决定，比如购买房地产时，会因过度思考而犯下错误。因为人们往往会将注意力放在一些不那么重要的细节上，例如房屋面积、浴室数量等，考虑更多的是量化的信息而不是未来的感受。这样，人们的真实需要就被忽略掉了。

这就是说，有时我们思考得更多，选择反而会更糟糕。因此，在进行选择时，我们不妨在关键时候关注一下直觉，也许它能使我们更靠近自己的期望。

【微经济26】复杂的信息并不一定比简单的有效

耐克刚进入中国市场时，其标志是一个“钩”加上中文“耐克”再加上英文“NIKE”；过了几年之后，标志上去掉了“耐克”；而现在，“NIKE”也被去掉了，只留下一个钩，这个标志也成了全世界最简单最伟大的符号之一。

这是简单原则在品牌营销中的应用。一般来说，人们会选择简单的方式来接受各种各样的信息。因此，在传递信息时，越简单的信息越有效。然而，大多数情况下，人们都没有简单地处理问题；相反的，很多情况下，人们都把问题变得复杂化。问题复杂化会使交流复杂化，也会增加解决问题的难度。

简单原则在广告宣传中适用，在个人决策中同样适用，当你面临的信息纷繁复杂时，不妨抓住主要目的。当你像剥洋葱一样，剥去那些复杂的外表，抓住里面那简单的核心时，就能很好地作出决策。

第4章

感情让我们不再理性

【熟悉性和适应性】人是有感情的动物，并不是古典经济学假设的“理性经济人”。所以，人会适应周围环境，也会倾向于喜欢自己熟悉的东西。这种“有限的理性”容易让人们作出以偏赅全、因小失大的决定。

1. 我们更喜欢熟悉的东西

人们往往以自己熟悉与否来作为判断的依据，更容易接受自己所熟悉的东西。

【微经济 1】曝光效应，熟悉了就好

行为经济学家做过这样一个实验：

被试者戴一个耳机，左耳播放一段散文，音量较高，右耳则播放几段音乐，音量较低。为了将注意力集中到散文上，被试者被要求根据提供的文字材料大声跟读。跟读结束后，被试者需要听几段音乐，其中混杂有刚才播放的音乐。结果显示，被试者虽然完全不能分辨出哪段音乐是之前播放过的，但对之前播放过的音乐却更加喜欢。这种不相关的甚至无意义的信号能获得人们更高评价的现象被称做“曝光效应”。

生活中，人们有时会更加喜欢自己所熟悉的事物，而相对不喜欢自己不熟悉的事物。也就是说，人们往往以自己熟悉与否来作为自己判断的依据，行为经济学家将这一机制称为“熟悉性启发法”，“曝光效应”就是其中一种情况。

曝光效应可以应用于广告宣传，当公司或产品还较陌生、消费者不熟悉时曝光有较好的促进作用；也可以适当地应用于人际交往中，但不可过于频繁。

【微经济 2】奇形怪状的玩意儿＝值得骄傲的东西？

著名的“埃菲尔铁塔”于 1887 年 1 月 26 日破土动工，在 1889 年 3 月建成完工，本是法国政府为“轰动世界”而建。当时，为了纪念 1789 年法国资产阶级革命 100 周年，法国政府决定于 1889 年在巴黎举办一次“轰动世界”的国际博览会，铁塔就是其中一个重要项目。哪知，人们一开始并不喜欢这个钢铁大家伙，一些文化艺术界名流嘲笑它是“奇形怪状的玩意儿”，而铁塔工地附近的居民也被吓坏了，甚至有人到法院起诉埃菲尔。随着时间的推移，巴黎人民慢慢接受甚至逐渐喜欢上了这个大家伙，现在，埃菲尔铁塔已经成

为巴黎人心中公认的巴黎标志物，是法国人的骄傲。

正如一句朝鲜谚语所说："即使是最好的音乐，听多了也会厌倦。"日常生活中，对太熟悉的东西，我们会产生厌倦，这也与主流经济学中的"边际效用递减规律"一致。但这个例子却一反常态，告诉我们，人们也会有"日久生情"的心理倾向，即"越熟悉，越喜欢"。这也是熟悉性启发的一种。

【微经济3】 如何让合伙人接受你的建议

和朋友一起做生意，你想出一个新点子——但是有点"不走寻常路"。所以，你知道要大家接受自己的方案会有点困难。为了让朋友接受这建议，你有什么策略呢？不妨建议先试行一小段时间。

你可以说："这个办法确实有些出奇，但正是因为别人用得少，所以我们可以摸着石头过河，先试用半个月，看看行不行，不行再改过来。"

这种试行策略会更容易让人接受，只要你的方案还不错，大家也都愿意先试试，证实结果不错后，因为"越熟悉，越喜欢"，一般人就不愿再做改变。

平常的人际交往中，我们也可以采取这种迂回的说服术，别人会更乐意接受，你也更容易达到想要的结果。

【微经济4】 为什么会有经济爱国主义

你是否还记得2003年"非典"时期韩国人称韩国泡菜能防SARS，2009年甲型H1N1流感流行时又有新闻称韩国泡菜可以预防H1N1。暂且不论事实如何，实际上，韩国人对所有本国的产品都拥有强烈偏好，喜欢用三星手机、现代汽车、LG显示器等。我认识一位韩国朋友，想买一台打印机，却只要三星的，为此跑了大半座城。另外，据研究表明，世界股票市场中，美国股民将其93%的资金投入了美国市场，日本股民将其98%的资金投入了日本市场，而英国股民将其82%的资金投入了英国市场。似乎每个国家的人民都有这种民族情结，这种现象被称为"经济爱国主义"。

是不是真的存在"经济爱国主义"？也许存在。不过，行为经济学可以从另一个角度解释这种现象。韩国人爱买韩国货、爱吃泡菜是因为他们对韩国产品和韩国食物熟悉，同样，对比外国股票，股民们对本国股票更为熟悉。

也就是说，“经济爱国主义”实际上只是“越熟悉，越喜欢”的熟悉性启发的表现形式。

【微经济5】我们和幼鹅一样局限，不知改变

自然学家洛伦茨发现刚出壳的幼鹅会依附于它们第一眼看到的生物（一般是母鹅）。在一次实验中，他偶然被幼鹅们首先看到，它们从此就一直紧跟着他。幼鹅们不仅根据它们当时环境中的初次发现来做决定，而且决定一经形成，就坚持不变。这一现象被称为幼鹅效应。

人类其实也是一群幼鹅，我们的第一印象和决定也会在我们的脑中形成印记，从此一直影响着我们。比如，在面试时，如果你给面试官的第一印象很好，那么录取的机会就会大很多。一件物品，其实并不怎么值钱，但你第一次看见它时，标价很高，你就会认为它很贵，当你下次见到它时，你就仍然会将它定位在一个比较高的价格上。萨尔瓦多珠宝就利用了这一效应，从一开始就把它的珍珠与世界上最贵重的宝石“绑定”在一起，此后它的价格就一直紧跟宝石。

我们很容易产生幼鹅效应，作出决定后往往不愿轻易改变，所以面对新的环境，我们需要特别谨慎，作出正确的抉择。

【微经济6】自我羊群效应，一次又一次地站在自己后面

星期天的下午，你本来要去超市买雀巢速溶咖啡，却在楼下看到了一家星巴克咖啡厅。你想：28元一杯的摩卡，味道能有什么不一样呢？不如试一试。喝了一下，你觉得是比较好喝，只是价格真的有点贵。可是下次路过时，你又想到，星巴克环境很好，咖啡味道也不错，喝一杯也能接受，于是又进去品尝了一下这28元一杯的摩卡。

这样，一次一次，慢慢地你就放松了最初对星巴克咖啡价格的防备，开始自我放纵，直到最后心安理得地捧着那杯28元的咖啡。当初，你认为喝星巴克咖啡是一种很奢侈很没有必要的消费行为，可如今它已经变成了习以为常的举动。你一次又一次地排到了自己前一次消费习惯的后面，成了自我暗示的羊。

这就是自我羊群效应，即我们根据自己先前的行为而推想某事物好或不

好。我们在面对新的环境作出决定后可能会产生自我羊群效应。所以，我们需要特别谨慎，作出正确的抉择。

2. 意识到你的适应性

对于物质的东西，我们容易适应，也容易因此而不知上进。

【微经济7】 适应性效应，长时间的痛苦不再是痛苦

如果让你估计一下截肢者的快乐指数，你认为会是多少？也许你认为他们会很痛苦，但很多研究结果显示，截肢者对自己快乐指数的估计远远大于正常人对他们的估计。为什么截肢者比正常人想象中更幸福？那是因为他们已经接受了截肢这个现实，适应了截肢后的生活。

当所处环境产生了无论正向还是负向的改变时，人们总会渐渐地适应，这种变化带来的痛苦或快乐也会慢慢淡化，直至消失，这就是适应效应。正是因为人类心理上存在着这种适应效应，所以只有不断追求改变，获得新的刺激，人们才会一直觉得幸福。然而，人对物质的东西容易产生适应性，所以拜金主义者的幸福不会长久。物质的刺激是有限的，人不可能有能力不断地获得新的物质刺激。

【微经济8】 大房子和出国旅游，你会选哪个

小王的生活在他所在这个城市算是很不错的了，夫妻两个人就住着120平方米精装修的房子，但小王在参观了朋友的新别墅以后就觉得自己的房子太小了，想住更大的。恰好，评年终奖的时候，小王业绩不错，他可以选择公司的两个奖励之一。一是可以将现在住的房子换成150平方米的，二是可以在今后十年里每年都带着妻子出国旅游一次。小王毫不犹豫地选择了换个大房子，他认为，房子是实实在在的东西，住个大房子大家都开心。

实际上，小王忽略了人对物质容易产生适应效应。小王住的房子已经很大了，没必要非得换一个更大一点的房子，此外，随着时间增加，小王住大房子的开心就会慢慢减淡。而旅游和精神愉悦相关，每年不一样的异国风情

体验会让人觉得开心，还会增加美好的回忆，快乐持续的时间也会长很多。人对物质的东西有很强的适应性，要过得更幸福就应该多花点钱在与精神相关的东西上面。

【微经济 9】决策时不要认为你能适应所有的东西

我们可以这样设想：你和爱人住在 100 平方米的房子里，宽大舒适，可是有一天，你们必须搬到 80 平方米的房子里住，刚开始你们可能觉得难受，但一段时间后，也就适应了，也觉得没什么不方便的了。但是，如果你们必须搬到 20 平方米的房子里住，那么随着时间的增加你们可能会觉得越来越难受，房子太小了，太不方便了，各种电器没有地方放，孩子连玩要的地方都没有……

人并不是能适应所有的东西，对极端的东西，大多数人都不会产生适应效应。

此外，不断的比较也让人有些无法接受。比如，如果你总是和比你过得更好的人比较，那么无论人的生活多好。你总是会觉得不满意。你还可能想到小孩子得哭声，对，那种时有时无、一会儿轻一会儿重的噪音也让我们难以忍受。也就是说，我们难以适应不断变化的东西。综合来说，人对物质的东西容易产生适应性，但对于极端的东西、人际比较以及变化的东西难以适应。

【微经济 10】你穷是因为你没有野心，适应了穷

法国一位年轻人很穷，但他后来以推销装饰肖像画起家，在不到 10 年的时间里，迅速跻身于法国 50 大富翁之列，成为一位年轻的媒体大亨。他在 1998 年因前列腺癌去世后，报纸上刊登了他的一份遗嘱。在遗嘱里，他说，谁若能回答“穷人最缺少的是什么”，也就是猜中他成为富人的秘诀，那个人将能得到他的祝贺，并且得到 100 万法郎的奖金。此后，有 48 561 个人寄去了自己的答案，这些答案五花八门，应有尽有。但只有一个人答对了，那就是：穷人最缺少的是野心。答案公布后，一些新贵、富翁也毫不掩饰地承认：野心是永恒的“治穷”特效药。

俗话说：“不想当将军的士兵不是好士兵”，要想摆脱穷的状况，你首先

需要有成为富人的野心，摆脱对穷的“适应”；然后，你要相信自己通过努力能够经营好自己的钱财和人生。只有怀着成为富人的信念上不断前行，我们才能富起来。

【微经济 11】你可能在害怕成功

约拿是一个虔诚的基督教徒，很期望得到主的恩惠。上帝知道了他的想法，觉得应该满足这个虔诚教徒的愿望，于是让他做信使去尼尼维城宣布那里被赦免的消息。约拿感到很意外，觉得那是天使的任务，不相信自己能有这样的荣誉，也不相信自己能出色地完成任务。于是，他请求上帝收回成命，上帝坚持让他接受，他仍然不肯，只是跪在地上忏悔。上帝十分生气，就命一条大鱼吞了他。在鱼肚子里，约拿经过再三思量，终于鼓起勇气接受了差遣，完成了使命。

在机遇真正来临时，故事中的约拿反而害怕成功，对成功感到恐惧和不安，并且因为不安而不敢追寻理想，这种心理被心理学家称为约拿情结。约拿情结是阻碍人们自我实现的心理障碍之一，因此，我们应该尽量避免这种心理状态，勇敢地面对不可预知的结果，尽最大努力并坦然接受结果。总之，在机会来临时我们不要回避，要知道一切顺其自然就好。

【微经济 12】保持永争第一的心态，适应领先角色

有一个经济学上的趣谈：上课铃响了，经济学教授来了，但他并没有带书，站在台上半天没有出声，同学们一边笑一边诧异地望着他。过了好久，教授扫视着同学们，缓缓地问：世界第一高峰是哪座山？大家立刻哄堂大笑，大声回答：珠穆朗玛峰！教授紧接着追问：第二高峰呢？同学们面面相觑，无人回答。教授转过身，在黑板上写下一句话：屈居第二与默默无闻毫无区别。教授告诉大家，敢于成为主角的心态十分重要，不一定要站在最前、永远第一，但一定要永争第一，积极坐在前排。

当前是注意力经济时代，只有永争第一，你对别人才有更大的经济价值，你自己也才能获益更多。对于营销来说，这可称为市场领先法则，最关键的不一定是制造出更好的产品进入市场，而是第一个进入市场。

【微经济 13】“不满意全额退款”面纱下的所有权依赖症

号称世界第一行销大师的亚伯拉罕，有一个著名的行销策略：“不满意全额退款”。

亚伯拉罕曾建议一位汽车商提供一种为期两周、百分之百的“不满意就退钱”保证，新车旧车同样适用，即如果一周之后，买了车的客户后悔了，可以把车还给厂商，并且得到全额的退款，厂商一个问题也不问。这个策略实施之后，该汽车商的生意增加了两倍。虽然有些人把车子带回来，但令人惊讶的是，大部分人并不是来把钱讨回去，而是来换更高级的车型。

行为经济学家称这种现象为“所有权依赖症”，客户尝试使用某种商品后，体会到了拥有这种商品的快乐，不愿意再失去这种商品，而更愿意买下来。

所以，如果你再次看见“不满意全额退款”的商品，并且有想试试的冲动时，就要提醒自己：就算真的可以退货，在把商品带回家开始使用后，你也可能因为“所有权依赖症”而买下这个商品了。

3. 熟悉的错误

你的思维容易被“熟悉”麻痹，进而会把一棵树木当成一片森林。

【微经济 14】你的经验将部分的东西当成了完整的

从星期五下午日落开始到星期六下午天空中出现第一颗星星时结束的这一天是犹太教的安息日，全天不可以做生意。星期五傍晚，一个穷销售员来到一个小镇，请求犹太教堂的执事给他介绍一个可以提供安息日食宿的家庭。执事告诉他，现在只有卖金银珠宝的西梅尔家可以，而他一向不肯收留穷人。为了让梅西尔收留自己，销售员见到西梅尔后，将他拉到一个角落，拿出一个砖头大小的布包，小声问他砖头大小的黄金能卖多少钱。西梅尔眼睛一亮，但想到安息日不能做生意，于是请求销售员在他家住宿，并盛情款待了他。到了星期天，西梅尔请销售员拿出金子以便估价，销售员却说：“我这么穷，哪有什么金子，我只是想知道这么大的金子值多少钱。”

砖头大的黄金值多少钱

故事中的西梅尔受了“完型优先效应”的影响，即人们所获得的即使只是部分信息，也会倾向于作出较为完整的解释。我们通常会有这样的经历，但需要记住的是，那也许只是我们的直觉经验而已。

故事中的西梅尔受了“完型优先效应”的影响，即人们所获得的即使只是部分信息，也会倾向于作出较为完整的解释。我们通常会有这样的经历，但需要记住的是，那也许只是我们的直觉经验而已。

【微经济 15】为什么“老婆总是别人的好”

有句话这么说“老婆总是别人的好”，也许女人会觉得男人太坏了，不过，男人其实有“苦衷”。其实，我们在生活中都会遇到类似“老婆总是别人的好”的事情。

比如，小孩子总是觉得别人的文具盒比自己的好看，即使自己的也是新买的；自己点的菜好像总是不如旁边的朋友的看上去好吃；别人穿什么衣服都比自己穿着合身……总之，人们倾向于认为别人的东西比自己的好，别人的生活比自己的有意思。这些现象的本质，是倾向于低估自己的物品、高估别人的物品，与禀赋效应正好相反。这种现象被行为经济学家称为“反禀赋效应”，它是和“敝帚自珍”的禀赋效应相反的心理规律。

“反禀赋效应”存在于对自己拥有的物品的已有体验之上。由于拥有某物品的时间越长，人们了解的该物品的缺点越多，或者出现审美疲劳。这时，人们就会觉得该物品不够令人满意，甚至产生不愉快。于是，在信息不对称的情况下，相比于尚不属于自己、尚未体验过的物品，人们倾向于低估自己现有的物品。

【微经济 16】避开“易得性”的影响

投资人彼得·林奇有一个投资诀窍：“避开热门行业的热门股票，关注多数投资者头脑中难以记住的股票。”

这一诀窍的原理是：越容易被记住的股票，越可能被估价过高。

为了找出被人忽略的、发展潜力巨大的股票，林奇每月都走访 40～50 家公司，每年都要阅读 700 份年报。很多时候，他都要实地调查一些海外公司的工厂。瑞典著名汽车品牌“沃尔沃”就是他的一大收获。

据记载，林奇到沃尔沃工厂考察的时候，瑞典本土的投资分析师都没去考察过那里。在考察中，林奇发现沃尔沃的股价只有 4 元，属于严重被低估的股票，便立即买进，不久就赚了 7 900 万美元。

俗话说：便宜无好货。容易得到的商品、信息也必然有质量不好、价值不高等缺点。所以，要学会另辟蹊径，发现别人所不能发现的财富。

【微经济17】避开代表性效应

很多投资者都认为自己掌握的信息充足，决策理性，但实际上有很多误区，其中一个就是代表性效应。大多数投资者的决策很大程度上并不是分析历史，而只是参照现状。从选择购买股票开始，投资者就很少详细分析股票的发展历史和股票发行公司的经营业绩。他们最多简单分析股价近期走势，然后以现在的价格作为参照点来预期股价未来走势。

人们在对未来不确定的事件进行预测时，通常只看很短的一段历史数据，并以此构想不确定事件的未来发展方向，这就是著名的“代表性效应”。

在该效应的作用下，人们没有意识到最近的这一段历史可能只是偶然。代表性效应可以帮助投资者节省时间作出判断，但也可能误导投资者。例如，当投资者看到某一公司在过去一段较短时期内，利润快速增长，就由此推断该公司的利润在未来还会快速增长，从而大量购进该股票，最终可能亏损。

【微经济18】一双象牙筷子导致一个朝代的衰落

商纣王登基之初，众人认为这是一位贤明的君王。有一天，纣王用了一双象牙筷子就餐，他的叔父箕子见了，劝他收藏起来，而纣王却满不在乎，满朝文武大臣也不以为然。箕子为此忧心忡忡，有的大臣莫名其妙，问他原因，箕子告诉他，纣王用象牙做筷子，就一定会改用犀牛角做成的杯子和美玉制成的饭碗，之后便会想要美酒佳肴、绫罗绸缎，要求富丽堂皇，还要大兴土木筑起楼台亭阁以便取乐。此后，仅仅5年时间，箕子的预言果然应验了，商纣王恣意骄奢，断送了殷商绵延500年的江山。

在上面的故事中，箕子对纣王使用象牙筷子的评价，运用了经济学中的棘轮效应。所谓棘轮效应，又称制轮作用，是指人的消费习惯形成之后有不可逆性，即易于向上调整，而难以向下调整。这种习惯效应，主要取决于相对收入，即相对于自己过去的高峰收入。司马光的“由俭入奢易，由奢入俭难”就很好地概括了棘轮效应。我们现在生活条件好了，更加要注意防范棘轮效应的负面作用，要懂得节俭。

【微经济 19】 编拦马栅栏时的“路径依赖”

春秋时期，齐桓公在询问马夫马棚里的事哪一件最难时，与管仲有过一段对话。

当时管仲说，他认为编排用于拦马的栅栏这件事最难。齐桓公便问他原因，他回答说：“因为编栅栏时所用的木料往往曲直混杂，开始的选料极其重要，它会影响到编排的栅栏是否整齐美观、结实耐用。开始的料选好了，以后的木料用起来也顺手。如果你在下第一根桩时用了弯曲的木料，随后你就得顺势将弯曲的木料用到底，笔直的木料就用不上了。反之，如果一开始就选用笔直的木料，那么必然是直木接直木，曲木也就用不上了。”

管仲的话揭示出了“路径依赖”，即一旦进入某一路径（无论好还是坏）就可能对这种路径产生依赖。人们一旦做了某种选择，惯性就会使这种选择自我加强，轻易不会偏离。

【微经济 20】 类比推论，小心使用

小王和女朋友约会，到电影院看电影，却不知道该看哪一部，于是在电影院门口徘徊不定。眼看着时间一分一秒地过去，小王等得有点不耐烦了，可又不敢发作，只得小心翼翼地提议说看新上映的喜剧片。哪知女友马上反对：“不看那个，那个是××导演执导的，我一个月前刚看过他的另一部喜剧作品，内容很粗俗，一点都不幽默。”

这个例子中，女友劝小王不要看那部喜剧片所用的方法就是类比推论，其基本原理是：由两个事件在某些方面相似，来推断它们其他方面也相似。类比推论在现实决策中是一种很常见的推理方式，比如《周易》中的“观物取象，以象尽意”。决策时利用类比推论，我们往往能更容易选择。但是，有时类比推论也会让我们得出错误的结论，所以，运用这一推论时，要注意前提条件的相关性和事件的相关程度。

【微经济 21】 投射效应创造需求

人们经常会不自觉地将自己的情绪、好恶、观念、个性等心理特征加诸于别人，认为别人也具有同样的特征，这就是“投射效应”，也叫假定相似性

效应。我们熟知的“以小人之心度君子之腹”等成语典故就是投射效应的生动概括。

在日本，洋娃娃代表着小女孩希望自己长大后的形象。芭比娃娃在日本刚推出时，在青少年眼中，胸部太大，腿也太长，蓝眼睛一点也不像日本少女，因此销售不佳。后来，公司修正了芭比娃娃的胸部和腿，将眼睛改成咖啡色，结果，两年内卖出了近200万件。

最初公司战略的失败之处就在于假定日本市场和美国市场具有相似性，在美国受欢迎的芭比娃娃在日本同样会受到欢迎，结果却是失败。这是忽略投射效应的后果。

第5章

你为什么花了过多的钱

【框架效应和心理账户】 人容易“多情”，容易把与自己相关的东西赋予感情色彩。所以，逻辑上相同的话表达形式不同，意思就不同；货币在人心中也往往有不同的标签。理解了这种“情感效应”，我们就能更好地控制自己的行为。

1. 框架效应，关键是怎么说

有些人说话让人听着受用，有些人说话就让人很难接受，框架效应教你如何说话。

【微经济 1】 用怎样的方式提问，就得到怎样的答案

让我们来看这个“亚洲疾病问题”实验：

假设美国正准备对付一种罕见的亚洲疾病，预计该疾病的发作将导致600人死亡。现有两种与疾病作斗争的方案可供选择。实验分组呈现如下所示：

情景一：对第一组被试（N=152）叙述下列情景：如果采用A方案，将有200人存活多数被试选择此方案；如果采用B方案，有1/3的机会600人均存活，而有2/3的机会无人存活。

情景二：对第二组被试（N=155）叙述同样的情景，同时将解决方案改为C和D：如果采用C方案，400人将死去；如果采用D方案，有1/3的机会无人死去，而有2/3的机会600人将死去（多数被试选择此方案）。

这个实验所叙述的两对方案实质上是一样的。但正是不同的叙述方式妨碍了人们抓住问题的实质，从而作出了不同的选择。这就是所谓的框架效应，指一个问题通过两种形式上不同的说法表达导致了不同的决策判断。由此可见，很多时候我们往往抓不住问题的实质。但从另外一个角度讲，我们恰恰可以利用框架效应，选择合适的表达方式来达到目的。

【微经济 2】 框架效应，表达方式不同效果不同

小裴和小郑是比双胞胎兄弟关系还好的同事，性格也相近，对事物的看法也出奇地一致。这次，他们约定星期天去电脑城买看好的同一款笔记本电脑。

可是不凑巧，小郑星期天要赶一个文件，脱不开身，小裴只好自己先去买电脑。小郑干完工作，晚上也去了那个电脑城，正好碰上了他表哥。表哥在某电脑专修部工作，得知小郑想买那个型号的电脑，就对他说：千万别买

这个型号，这个型号的机器特别容易出问题，有两成的机器两年之内就得返修。小郑一听，立刻决定不买了，并匆匆回家，叫买了电脑的小裴退货。没想到小裴却说："这个电脑不容易坏啊！我专门问了，售后服务人员跟我说，这个型号80%的机器两年之内都不会出问题的。"

这就是框架效应的作用，即表达方式不同，人们对此反应也会不同。实际上，两成的机器会出问题和80%的机器不会出问题是完全一样的，只是分别从反面和正面两个不同的角度表述而已。这告诉我们，不要被话语的形式所迷惑，要仔细分析话语后面的含义。

【微经济3】 商品价格中的框架效应

两个加油站分别开展了相似的促销活动：

在加油站A，每升汽油卖7.60元，但如果以现金的方式付款可以得到每升0.60元的折扣；

在加油站B，每升汽油卖7.00元，但如果以信用卡的方式付款则每升要多付0.60元。

显然，从任何一个加油站购买汽油的经济成本是一样的。但大多数人认为：加油站A要比加油站B更吸引人，与从加油站B购买汽油相比，从加油站A购买汽油时心理上的不舒服感会少很多。因为，加油站A是与某种"收益"（有折扣）联系在一起的，而加油站B则是与某种"损失"（要加价）联系在一起的。

研究发现，上述差异的原因是：当衡量一个交易时，人们对于"损失"的重视要比同等的"收益"大得多。因此，企业在进行定价或促销时，应该将之与"收益"而不是"损失"联系在一起，从而有效激励消费者的购买行为。

【微经济4】 关注熊胜于关注人？只因故事太生动

有一段时间活熊取胆的事情被大家广泛议论。在人们在对商家的残忍做法提出抗议的时候，一些人也提出的不同的看法。他们认为，既然社会上还有许多孩子吃不饱饭上不起学，还有许多病人因为贫困而得不到有效的治疗，你们为什么不去关注他们反而关心起熊的痛苦来？

哪种促销方法更好

当衡量一个交易时，人们对于“损失”的重视要比同等的“收益”大得多。虽然两个加油站的经济成本是一样的，但与从加油站B加油相比，从A加油时心理上的不舒服感会少很多。因为，A的折扣对人们来说是一种收益，而B的加价让人们觉得损失。

有人说："一个人的死是悲剧，一万人的死就成了统计数字。"实际上，媒体对活熊取胆的详细报道和生动描述吸引了公众的关注，这一事件的许多细节都给人们留下了深刻的印象。与此相比，社会上一些其他的事件虽然重要性不亚于此，但它们的存在对于公众来说过于抽象，缺少某种意义上的"故事性"，所以很难成为公众热点话题。人天生爱听故事，尤其是那种绘声绘色的故事。要想引起人们的注意，新闻报道需要有一定的故事性，比如，汶川大地震的一篇篇感人的报道、一幅幅催人泪下的图片，都利用了新闻中的"故事因素"。

【微经济5】偷梁换柱，转移注意力

战国时，应侯范雎对秦昭王讲过这样一个故事：有一个叫公孙弗忌的人，认为他的邻居老弱可欺，想抢他们的财产。开始，他把自己的狐朋狗友全部召集到一起，怂恿他们去偷盗邻居的东西。可是朋友们却因为害怕被抓而不同意。第二天，他又把他们叫来说，不妨去威胁邻居，让他把东西交出来，但是同伙中仍然有半数反对。最后，公孙弗忌终于想了一个办法，他提出与邻居去喝酒应酬，在酒席上骗走他的财物。他的同伙一听这个建议，都兴高采烈地予以赞同。

这个故事说的是，几种本质毫无差别的行为，如果行为方式不同，人们对这些行为的反应就不同。有些时候，强硬的手法并不能达到某种预定目标，此时，如果能改变一下行为方式，比如改用一种比较缓和的方式，就能策略性地达到自己的目的。

2. 心理账户，钱也变得有感情

除了实际的账本，人们心里也揣着一本账，在那里，钱被贴上了不同的感情标签。

【微经济6】神奇的心理账户，你意识到了吗

情况一：假设你买了一张价值500元的演唱会的门票，到了会场门口，

却发现门票丢了，你会再花 500 元进场吗？情况二：假如你打算现场买门票，买票前却发现丢了 500 元，不过你还有足够的钱，你还会买票吗？

大部分人在第一种情况下可能会懊恼地回家，在第二种情况下却舍得再掏腰包，都是损失 500 元钱，而且必须再花 500 元钱，作出不同的决定取决于心理账户的不同。当买了门票后，你会把所花的钱归入自己的“娱乐花销”这个心理账户中，并且这个账户是有一定的数额限制的。当你丢掉现金时，并不会影响到这个心理账户，所以依然会选择看演唱会。而如果丢了门票，再买一张会增加这个心理账户的支出，所以你很可能放弃看这场演唱会。

所谓的心理账户，就是人们根据钱的来源、用途的不同，下意识地对金钱进行分类整理的结果，并对其赋予不同的价值进行管理。

【微经济 7】 富翁抠门也正常，只是未到花钱时

肯尼斯·汤姆森是原加拿大首富、媒体大亨，在《福布斯》上曾经排名世界第 9、个人净资产 196 亿美元。2006 年因心脏病去世后，大家才惊异地发现这位巨富生前居然是一个生活上极其抠门的人：穿的是便宜的衣服，连磨破的鞋子也舍不得扔掉；平时开一部旧车，不舍得雇司机；坐飞机出差时只坐经济舱；理发不舍得去理发店，都是由妻子代劳。

其实，汤姆森并不是在所有花销上都“抠门”。他在艺术上就舍得花大笔资金，汤姆森曾以 7 700 万美元收藏了画作《对无辜者的屠杀》。可见，富豪抠门也正常，只是没到花钱时。

汤姆森的行为反差为什么这么大呢？行为经济学家的解释是，每个人都会将总预算分门别类地分配到不同心理账户上去，这些心理账户的属性不尽相同，人们分配的预算也就不尽相同。拿汤姆森来说，虽然他是世界富豪，但是他给自己生活账户分配的预算却跟常人一样；同时，却为自己的艺术品账户分配了巨额预算。

【微经济 8】 意外之财让你花销更多

中秋节，小王的公司给每位员工按职位不同发了奖金，小王得到了补贴 1 000 元。虽然小王平时不缺这 1 000 元，可依然很高兴，打算好好奖励自己一下，没想到假期结束，小王发现自己足足花了将近 3 000 元。

本来，小王有自己的财务规划，假期的每项开支也都做好了预算，总共花销是 1 500 元。哪知突然有了奖金，于是小王就比平时阔绰了很多，把这笔补贴当成了可随意支配的意外之财，并且不知不觉挪用了预算之外的钱。

一笔小额的意外之财反而让人破费更多，只因小王给这笔意外之财贴上了“白得的钱”的心理标签。所以，若是下次得了奖金，不妨将其当作自己辛苦挣来的，并好好规划，这样就不至于破费很多。

【微经济 9】 统合损失，浪费小钱

小李需要买一个新的移动硬盘，心仪的那款硬盘只有两家店有货。一家在他公司所在的写字楼里，报价为 250 元；另一家店在距离公司约一公里的电脑城里，报价为 200 元。为了省 50 元钱，小李毫不犹豫地去了电脑城。

不久，小李决定买一台新的笔记本电脑。他在网上看好了一款轻薄便携的笔记本电脑，这次，写字楼里的店该款电脑的报价为 7 850 元，电脑城里的报价则为 7 800 元。犹豫之后，小李直接在楼下买了那款电脑。

前后两次，小李的行为完全不同，买电脑时，小李之所以愿意多花 50 元钱，是因为 50 元和 7 800 元比起来只是个小数目。普通人在碰到损失或必须开支的时候，为了逃避现实，潜意识里会把这些开支藏在更大的损失或开支里，这种现象被称为统合损失。在实际生活中，我们应该多考虑这些“小数目”，因为如果长期浪费小钱，它们就会变成一笔“大数目”。

【微经济 10】 抓大放小的策略只会让你浪费更多钱

一家写字楼下有一家咖啡店，工作间歇时写字楼里的很多白领都喜欢到这家店里来喝一杯咖啡、聊聊天，休息一下。久而久之，咖啡店的老板发现许多客人几乎每天都来，而且每次点的咖啡种类都差不多，于是他想出了一个促销的好主意：向这些白领出售一种咖啡卡，购买此卡后，一年内每天可以在咖啡店获得该类咖啡一杯，而买咖啡卡所花的钱仅为每天来点咖啡所需费用的 80%。咖啡店的老板本以为这种咖啡卡的销量会异常好，没想到，并没有几个人对他的咖啡卡感兴趣，大家似乎还是喜欢每天来花钱买咖啡，尽管一年下来所花的钱要比买咖啡卡多。

每天喝咖啡的费用对于白领来说是“小钱”，而一次性花费1 000多元买咖啡卡对他们来说就不再是“小钱”了，他们会控制这种“大钱”的消费。我们在许多方面都有这种大钱小花、小钱大花的情况。实际上，认真算过之后，我们就会发现小钱的总和大于大钱，为何不节省一些呢？

【微经济11】 捡到的100元钱替代不了丢失的100元钱

早上你起床时发现昨天的100元丢失了，一天的心情都不好。回家的路途中，你又捡到了100元钱，你会马上变得快乐起来吗？不会的。人们在收益和损失两种情形下风险偏好是不一致的。

究其原因，可以用损失厌恶效应解释。损失厌恶效应是指，人们在面对同等数量的收益和损失时，损失带来的体验更强。因此，捡到100元钱的快乐并不能弥补丢掉100元钱的痛苦。

设想这样一个赌局，你有相同的概率即50％得到或失去100元。你愿意参加这个赌局么？经济学家通过大量实验证明，大部分人是不愿意参加的，他们对可能失去100元更加敏感。

受到这种损失厌恶效应的影响，人们在投资行为中常常趋于保守。例如，在持有某只有涨有跌的股票时，人们往往承受不了股票下跌带来的痛苦而抛售股票。

【微经济12】 扔掉挤脚的鞋，关闭心理账户

如果你买了一双鞋子，试穿时很合适，也很舒服。可是当你回到家，再穿这双鞋子时，发现时间长了鞋子会磨脚。这时已经不能去换掉鞋子了，发票已经丢了，那你该怎么办？扔掉吧，舍不得，继续穿吧，很不舒服，脚上还磨出了血泡。你很纠结，不知道该怎么处置，在磨出好几个血泡之后，你忍无可忍，将这双鞋子放在了一个角落里，不穿也不扔，时间长了，要么忘了，要么就会扔了它。

行为经济学家称这个过程为心理账户的关闭。在关闭心理账户的过程中，我们会经历巨大的痛苦。

关闭心理账户的现象在日常生活中还有很多。比如，股票市场上，经常会出现购买股票之后，这只股票连续暴跌，丝毫不见有反弹的迹象，即通常

所说的“套牢”。这种情况下，这只股票的心理账户已经不能给我们带来收益，适时将其关闭将是一个明智的抉择。但是，关闭心理账户会给人们带来巨大的痛苦，股民们形象地称这种行为为“割肉”。

【微经济13】勇敢地让账面亏损变成实际亏损

小王手里有几个钱，也不知其他投资途径，就研究股票，希望从股市上挣点钱。半个月前，他经过对一只股票的仔细研究，以10元/股的价格买了1 000股，共花了10 000元。哪知半个月后，这只股票大跌到了5元/股，小王后悔不已，想卖出却又犹豫不决，鼠标停在“抛售”上不知如何是好。

有人以此做了这样的假设：小王这时恰巧出去接了个电话，而他养的猫恰巧跳上了桌子按下了鼠标键，小王回来发现自己的股票已经卖掉了。你是小王，你会不会再以5元/股的价格买回这只股票？

相信大多数人都不会再买回，原因在于，实际亏损发生后，我们虽然痛苦，但因不看好这只股票，所以就关闭了其心理账户，而未抛售之前，只有账面亏损，这种亏损在人心理账户上并不真实。若股票亏损时你仍舍不得“割肉”，不妨仔细分析这只股票的前景，设想一下若是不小心卖出了，自己还会不会再买回来，以此来决定是抛售还是继续持有。

【微经济14】一样的期望，不一样的选择

假设下面两种情况。

问题1，你手中有1 000元钱，现在需要在下面两者中进行选择：

A. 50%的概率再获得1 000元，50%的概率再获得0元

B. 100%的概率再获得500元

问题2，你手中已经持有2 000元钱，现在需要在下面两者中进行选择：

C. 50%的概率损失其中的1 000元，50%的概率不会损失

D. 100%的概率损失其中的500元

根据一项对象为100个人的调查显示：问题1中选择A的只有16人，选择B的有84人；问题2种选择C的有69人，而选择D的只有31人：有很明显的偏向趋势。而根据期望价值理论，A～D四种情况所带来的结果是一样的，即最终手中所剩下的现金的期望值都是1 500元，因此，人们在面

临这些选择时应该不会有更偏向于其中一个的情况。

那为什么会出现这样一种情况呢？可以换一种思考方式，先不考虑人们已有的现金，只看两种情况会造成的影响。虽然这时四种情况的期望值依然都是500元，但根据期望效用理论，人们在面对增益时是一个风险回避者，在面对损失时是一个风险追求者。所以人们才会在问题1中偏向于选A，而在问题2中偏向于选C。

这实际上是孤立效应应用在经济上的反应，当面临选择时，人们不会把已有资产与选择所带来的结果相加，而是单单考虑不同选择会带来的影响。

3. 这样做广告，收益才大

利用说服的艺术，照顾消费者的感觉，这样的广告才更有效。

【微经济15】一元钱的神奇魔力

某家英语培训机构投放了一个“一元钱现在能做什么”的创意广告，广告是这么说的：“一元钱在今天还能买点什么？一个包子，两根黄瓜，三个鸡蛋……或者，可以去试听八次英语课。”广告得到了很多人的认同，报名人数明显增加。

一元钱真的有这么大的作用吗？这家辅导机构只是较好地应用了情景效应。情景效应是指消费者在购物时，会受到诸如言语刺激、信息提示方式、社会背景或其他因素的影响。也可以说，消费者选中的商品实际只是他在特定购物情形中选定的可接受的商品。商家就是抓住了情景效应的这一魔力，所以才能打动客户，让客户主动购买，赚到更多的钱。

【微经济16】不花钱也能做广告

日本的山田六郎竞选议员失败后，专心做餐馆生意，当上了大阪市最大的“吃光餐厅”董事长。他上任不久，就有500多名员工罢工，他并未因此气馁，反而巧施妙法，吸引了多家报刊为其做免费广告宣传。他先给员工加薪三成，劝服员工复工。并在店堂内贴满“欢迎罢工”“欢迎攻击”的标语。

这种啼笑皆非的做法在日本独一无二，各家报纸、杂志纷纷报道，“吃光餐厅”免费上了几天报纸。

山田六郎想出别人不敢想、不愿干的事，以新奇取胜，取得了很好的效果。山田就是巧妙地利用了人们会更多关注新奇事物的心理。由于边际效应递减，所以新鲜的事物给人们带来的效用会很大，人们更乐于关注他们，也愿意多花钱尝试这些新鲜事物。现在，商家的广告、促销手段大同小异，人们也对各种模式的宣传烂熟于心，若想吸引顾客眼球，不妨尝试别人都不曾用过的新点子。

【微经济17】情感销售，以情动人

前苏联的《消息报》在面临失去大批读者的现实问题时，登出了这样的广告：“亲爱的读者，《消息报》征订从9月1日起开始，遗憾的是1991年的订费将不得不增加，全年订费是22卢布56戈比。订费是涨了，在纸张涨价、销售劳务费提高的新形势下，我们的报纸要生存下去别无出路。而你们有办法，你们完全有权拒绝订阅《消息报》，将22卢布56戈比用在急需的地方。《消息报》一年的订费可以用来：在莫斯科的市场上购买924克的猪肉，或在彼得格勒购买1 102克牛肉，或在车里亚宾斯克购买1 500克蜂蜜，或在各地购买一包美国香烟，或购买一瓶好的白兰地酒（五星牌）。这样的‘或’还可以写上许多，但任何一种‘或’只能得到一次的享用，而您的《消息报》将可以全年享用。事情就是这样，亲爱的读者。”

《消息报》采取的是情感销售。人都是有感情的，善于打动人心的经销策略和手段往往会引起人们的共鸣，更容易获得消费者的同情，使消费者愿意掏腰包。这正是商家的精明之处。

【微经济18】酒香也怕巷子深

“酒香不怕巷子深”的时代已经一去不复返了，在如今的信息时代，报纸、电台、电视上各种各样的信息铺天盖地，即使酒香也怕巷子深。酒再香，也不可能透过空气让全城的人来买，卖酒的怕巷子深的原因，就是害怕缺乏适当的媒介来宣传，导致酒卖不出去。酒再好，也需要以最快的速度让尽可能多的人知道。诸葛亮不遇刘备，只能是南阳一个农夫，怀才不遇；王猛不逢符坚，只能老死陋巷，穷苦一生。

在如今的信息经济时代，我们无时无刻不生活在信息的海洋里，无时无刻不受媒介的影响。商家要想名利双收，就需要取得媒介的支持，利用大众媒介来宣传自己，达到事半功倍之效。

【微经济 19】 说服的相似性，黑人更相信黑人的话

行为经济学家做过这样的实验：

把一些黑人学生分为两组，分别看一个关于如何护理牙齿的录像，录像内容完全相同，只不过主角不同，分别为一个白人牙医和一个黑人牙医。结果显示，几个月后，那些看了黑人牙医录像的黑人学生的牙齿更白了一些。

实验结果说明，黑人学生更容易接受来自黑人牙医的观点，进而以他们的观点来指导自己的行为。类似的，我们可能为了买一件自己不是十分熟悉的商品而广泛听取意见并且搜罗各种信息，但是这些意见和信息的说服力往往不如售货员的一句话："刚才那位顾客，您也看见了，情况跟您一样，她就用这种产品，这不，这次一下买了这么多。"

这些都说明，如果说服者和我们有很大的相似性，那么我们就更容易被说服，即我们更容易接受那些与我们相似的人的观点。

【微经济 20】 听起来很有道理

说起电视上越来越多的医药广告，大多数人可能都会觉得厌烦，因为为了表明自己产品的性能，他们总是长篇累牍地介绍自己产品的作用机理，还往往请一些用过产品的消费者现身说法。这种通常长达半个小时左右的电视直销广告看似水平一般，其实有一定的行为经济学原理——采用了说服的中心途径。

说服的中心途径就是在说服别人的过程中，通过提出鲜明的论点、有说服力的论据和令人信服的论证过程，让别人相信自己。当人们在某种动机的引导下，有能力对问题进行系统而全面的思考时，就更容易被中心途径所说服。

生活中，中心途径说服的典型例子就是论文，读者就是通过"中心途径"被说服接受论文的论点的。其他的，诸如推销员、各种媒体广告，都在不经

意间通过这种途径改变消费者对商品原有的看法。简单地说，说服的中心途径的机制就是："听起来很有道理。"

【微经济21】看起来还不错

百事可乐的广告中，总是有很多充满活力的球星，但广告中没有任何信息告诉消费者百事可乐有什么别的好处。虽然消费者清楚地知道，百事可乐的味道好坏跟球星的气质没有任何联系，球星们也不是因为喝了百事可乐才具备这样的魅力。但是，不可否认，百事可乐的明星广告确实让消费者更多地购买它的产品，原因在于，百事可乐的广告让人们产生一种直观的感觉：百事可乐看起来不错！

这就是说服的外周途径，它是通过一些直观的、清晰易懂的表达方式来进行说服，更多地关注那些令人不假思索就接受的外部线索。

你一定记得"钻石恒久远，一颗永流传"的广告语，钻石璀璨的外表，加上这么富有神秘色彩的话语，让你感觉这种钻石真的很不错。还有，我们对于食品、饮料、烟草和衣服这一类商品的看法往往是基于感觉而不是基于逻辑，这都是适宜利用说服的外周途径的领域。

【微经济22】诚实是最优秀的推销员

有一个推销员在街头叫卖："谁买最新式测谎器！不论男女老少，不分好人坏人、活人死人，只要讲了假话，灯泡马上就亮，百试百灵，货真价实，有备无患，以防受骗……"旁边有位先生一直盯着测谎器看，一声不吭。推销员于是问："哎，先生，您买一个吧，我看您看了半天，一定挺有兴趣吧。"那位先生回答："灯泡怎么没亮呢？亮了我准买。"

生活中，许多商家都如笑话中的推销员一样，不讲诚信，只想自己赚钱，这样是没法盈利的。美国的营销专家赫克金有句名言："要当一名好的推销员，首先要做一个好人。"这就是赫克金营销中的诚信法则。美国的一项调查研究表明，推销员优秀与否与长相无关，与年龄大小无关，与性格是否外向也无关，仅仅与是不是好人有关。所以，如果想做一名好的推销员，你需要的是诚信。

第 6 章

付出更少，收获更多

【成本与收益】 古人早有“冢宰制国用，必于岁之杪，五谷皆入，然后制国用；用地小大，视年之丰耗，以三十年之通，制国用，量入以为出”（《礼记·王制》）的记载。成本和收益比是我们进行选择的主要经济因素之一，某个行为的收益大于成本时我们才会去做。

1. 你丢失了什么，又握紧了什么

“有限理性”决定了人们总是忽略不该忽略的，而坚持不该坚持的。清楚地认识它们，你才能更好地选择。

【微经济 1】 富人坐飞机仅仅是因为有钱吗

从一个城市到另一个城市，穷人很可能坐汽车或者火车前往，而富人更多的是坐飞机。对于他们的选择，我们可以简单地解释为“汽车票或火车票要比飞机票便宜很多嘛”，但这并不是全部原因。

试想这样一个问题，如果掉了 10 美元，比尔·盖茨先生会弯腰去捡么？他很可能不会这么做，因为就在他弯腰去捡钱这么短暂的时间里，可能会赚比 10 美元多得多的钱。同样的道理，对于某些高收入人群，比如律师、投资商人等，时间对于他们非常宝贵。如果他们出差坐火车的话，所付出的代价不仅仅是火车票，还有坐火车多用的时间如果用来工作所带来的收入。换句话说，富人坐火车所花的机会成本比穷人大。

下次，当你感叹飞机票太贵时，不妨想想如何让你的每一分钟都挣钱，如何让自己变成富人。

【微经济 2】 男人不要忽略了女人另一面的经济价值

小王最近和妻子有些不和，妻子总是抱怨自己付出太多而得到太少。她对小王说：“我天天起早贪黑，照顾孩子，操持家务，你却仗着比我挣得多就夜不归宿，也不知在外面都干些什么。”小王并未反驳妻子，心里却不以为然，心想：我挣的钱多，也辛苦，偶尔出去喝点酒开心一下，就当是和你扯平了。

实际上，小王完全忽略了妻子另一面的经济价值。妻子虽然挣得少，可是做家务有着很大的机会成本，这也是妻子的经济价值，不能忽略。现实生活中，大多数男人都忽略了妻子的机会成本，进而认为自己挣得多，这样更加剧了夫妻间的矛盾。若是小王注意到妻子的机会成本，大概就会变得“善解人意”很多，夫妻间也不会有那么多矛盾了。

【微经济3】 小王是损失了500元还是5 000元

小王新买了第二套房子，就将第一套房子租出去了，租金大约是一个月4 500元。有一段时间，小王的房子一直空闲着，于是跟朋友抱怨："房子空闲了好几个月，损失太大了，每个月都要交物业管理费300元，电话费25元，有线电视费20元，宽带网络费150元，加起来每个月要损失500元呢。"小王每个月仅仅损失500元吗？

其实不然，小王只考虑到了物业管理费这些损失，却忽视了房子空闲时的未得收益，即每个月的房租4 500元。我们在生活中很少意识到未得收益，实际上它却可能是我们的很大损失。比如说饭店用餐的高峰期，饭店门口往往排了很长的队，有人就会因为等的时间太长而离去，而有人吃完了却仍占着位子聊天，饭店失去的顾客就是他们的未得收益。我们在作出决策时，不能仅仅看见直接的损失或收益，要更多地注意未得收益。

【微经济4】 不要让"失去"左右你的"前进"

有一天，一个喜爱收集古董的老人在古玩市场上发现了一只特别的古董瓷瓶，因为喜欢而毫不犹豫地花了高价将其买下。

交过钱，老人就将瓷瓶绑在自行车后座上，兴高采烈地回家。不料，老人刚走不远，就听到"啪啦"一声。老人一愣，然后继续向前骑车。

这时，有好心的路人大喊："老人家，您的瓷瓶摔碎了！"

老人边骑车边回答："摔碎了吗？听声音就知道摔得粉碎了，无可挽回了！"说完，老人就骑车拐上了另外一条路。

现实生活中，极少有人能够像这个老人一样洒脱，大多数人都会跳下自行车，懊悔无比，白白浪费宝贵的时间。其实，沉没成本就如泼出去的水，无论怎样，都无法收回，若此时再纠缠于沉没成本，必会导致不理性的决策，只会损失更多。记住，不要让"失去"左右你的"前进"。

【微经济5】 何必坚持到底

现在，请你画一个圆圈，但在最后留下一个小缺口。过一会儿再看它一眼，你是不是有一种冲动要把这个圆完成？这就是"趋合心理"，心理学研究

瓷瓶摔碎了

沉没成本就如泼出去的水，无论怎样，都无法收回，若此时再纠缠于沉没成本，必会导致不理性的决策，只会损失更多。重要的是，不要让“失去”左右你的“前进”。

表明，它是促使人们完成一件事的内驱力之一。

有一只坚强而有主见的老鼠，因为偷吃麦子，掉进了深缸里爬不出来。它开始在缸底咬起来，终于咬了一个洞。但它没有想到，它咬透的洞正好被一根粗大的圆木顶住。于是它又开始咬这条粗木，可是方向却是向着圆木的中心。它咬了二尺多深，终于又饿又渴，精疲力竭地退回到缸里死去。

在这只坚忍不拔的老鼠身上，我们可以得到一些有益的启示：有时放弃比坚持更重要。正如管理学家菲尔茨所说：如果一开始没成功，再试一次，仍不成功就应该放弃，愚蠢的坚持毫无益处。当我们在人生的路上举步维艰时，所要做的或许并不是坚持到底，而是停下来想一想，问一问自己：选择的这个方向对不对，是不是已经到了应该放弃的时候？适时放弃才是明智之举。

【微经济6】鳄鱼咬住你的脚，你该怎么办？

鳄鱼法则的意思是：假定一只鳄鱼咬住了你的脚，如果你用手去帮忙挣脱，鳄鱼便会同时咬住你的脚与手。你越挣扎，被咬住的就越多，就越陷越深。所以，万一鳄鱼咬住你的脚，你唯一的办法就是牺牲一只脚。

如果以市场的语言表达，这项原则就是：当你知道自己犯了错误时，立即结账出场。不可再找借口、期待、理由或采取其他任何动作，赶紧离场，不能有侥幸心理。其实，不论是股市、汇市、期权交易，其交易技巧在这一点上都是相似的。

譬如在股市中，鳄鱼法则就是：当你发现自己的交易背离了市场的方向，必须立即止损，不得有任何延误，不得存有任何侥幸。

【微经济7】沉没成本，强迫自己成功

一位新移民刚到澳大利亚，为了填饱肚子，在一家餐馆打工。一次，他看到一则招聘启事，就去应聘了。眼看他过五关斩六将，马上就能得到那个年薪几万元的职位了，经理问他："你有车吗？会开车吗？这份工作要时常外出，没有车不行。"这位移民只是两年前考了驾驶证，但是从来没开车上过路。然而，他定了定神回答道："我有！我会！很熟练！"经理说："行，你被录取了。四天后，开车来上班。"

为了得到这个工作，他从一位朋友那里借了几千澳元，买了一辆二手车。第一天他熟悉了一下以前在驾校学习时的一些驾驶技巧；第二天自己摸索练习，练习场地是一块大草坪；第三天他到公路上慢慢移动；到了第四天，他就开着车去公司报到了。

这个故事，就是一个巧妙利用沉没成本强迫自己成功的例子。当你面临一个困境时，不妨斩断后路，面临无退路的境地时，人们才会集中精力奋勇向前。不给自己留退路，从某种意义上讲，也是给自己一个向梦想冲锋的机会。

2. 让成本与收益对应起来

“一手交钱，一手交货”可以让我们更理性地消费，若消费和支付的时间间隔太长，我们就容易作出不理性的选择。

【微经济 8】 租房子，自己去还是找中介？

在日常生活中我们会碰到各种各样的中介机构，例如买房中介、租房中介、留学中介、婚姻中介等。很多时候，人们心里会有点不平衡：中介机构不出钱不出力，凭什么挣我们的钱？

如果我们生活在一个信息对称、交易可以轻易进行的环境中，那么中介机构是没有必要存在的，因为社会不会产生对其的需求。而现实世界不是这样。就连买鞋这么简单的交易，我们往往也需要货比三家才能作出决定。而在买房、留学等重大交易时，我们所获得的信息并不全面，若想促成令双方满意的交易往往要付出巨大的成本，经济学中称之为“交易成本”或“交易费用”。当然，你可能认为自己寻找的成本比找中介小很多，那你可能是忽略了机会成本。诸多合法的中介机构的存在减少了交易成本，为交易双方提供了尽可能全面的信息和信用保障。所以，有的时候从成本收益的角度出发，一定数量的中介费我们还是要掏的。

【微经济 9】 成本收益比决定了买笔记本电脑无须单独买变压器

即使没有出过国的人也知道，每个国家的电力系统提供的家用电压并不相同，有的是220伏的，有的是110伏的。而大多数家用电器只能在一个标准下运转，比如，如果想在中国用美国冰箱，就必须买一个单独的变压器把中国的220伏电压转换成110伏。但笔记本电脑是一个例外，你可以直接在中国用美国的笔记本电脑。为什么不把其他家用电器制造成和笔记本电脑一样的呢？

原因在于制造的成本与收益的比较。笔记本电脑装了内置变压器，所以能在各个国家通用，但是如果给冰箱、洗衣机、电视以及其他家用电器都装上内置变压器无疑会增加生产成本，而它们这样的大多数家用电器都极少有“出国旅行”的机会，所以没必要为此增加额外支出。而笔记本电脑诞生之初的购买者大都是需要带着它们到国内外到处出差的人们，所以需要“特殊对待”。

【微经济10】公司亏本了要不要继续运营

小王开了一家服装加工厂，以生产T恤为主，每件T恤的平均成本是15元。在销售旺季，T恤每件可以卖到20元，可赚5元；即使处理库存，每件也能卖到15元，不赔也不赚，收支相抵，小王知道应该继续经营。可是，销售旺季一转眼就过了，T恤只能卖到12元一件，每售出一件就要赔3元，小王就犹豫了，算计着是否要继续经营。

按照经济学理论，小王此时的决策是短期的，因而要比较继续生产的短期成本和收益。短期成本包括短期固定成本和短期可变成本，前者指的是小王的厂房租金、机器设备等固定资产的费用，后者则指生产每件T恤的原材料费用以及职工工资等。如果小王通过计算发现每件12元的收益可以弥补他的短期可变成本，那么就该继续生产，因为此时的短期固定成本是无法收回的；而如果这些收益不能弥补短期可变成本，那就得关门歇业了。

【微经济11】用经济学计算最佳恋爱次数

经济学中，厂商决定生产多少商品的原则是生产的边际成本与边际收益要相等，此时厂商的收益达到最大。我们也可以用这个原则决定最佳恋爱次数。我们在寻觅佳偶的过程中，更多的搜寻次数会提高效用，但同时也会增加成本，搜寻应该止于边际成本等于边际收益（MR＝MC）处。

我们以 MC_1 表示搜寻的时间、金钱和精力方面的成本，MC_2 表示搜寻时的机会成本，比如婚姻产生的幸福感等，它随着搜寻次数的增多而增加，MR 表示搜寻时的边际收益，它与恋爱次数成反比。假设 $MC_1=1$，$MC_2=T/4$，$MR=6/T$，T 表示恋爱次数。这样解得最佳恋爱次数为 3 次，恋爱 3 次，一个理性的人可以发现并确定较好的对象结婚。

此外，消费者为购买商品走访商店的最佳次数也在 3 次左右，不少大学生毕业后选择工作在企业间跳槽的次数也为 2～3 次，果然是“事不过三”。

【微经济 12】 支付贬值效应，你和成本越来越远

行为经济学家做过这样的实验：

以全价、九折和七折的价格向学生发售相同的电影季票，然后分别统计学生去看电影的次数。结果发现，在发售季票接下来的一个月里，那些买全价季票的学生去看电影的次数比其他学生看电影的次数明显要多。而在后几个月，这些学生看电影的频率则渐渐趋近。到了季末的时候，他们去看电影的次数已经没有什么明显差别了。

刚开始，由于存在“一手交钱，一手交货”效应，通过直接对比成本和收益，那些花费较多钱买票的学生会频繁地去看电影。而随着时间的推移，他们渐渐忘记了成本，不再频繁地看电影来弥补成本。到了季度末，学生们已经忽略了电影季票的本来成本，不再去看电影了。这个过程被行为经济学家称为支付贬值。

现实生活中，支付贬值效应最典型的例子就是各种健身俱乐部的年卡。购买之初，人们还会天天去健身，但时间一长，人们就忘记了购买年卡的成本，去健身的次数也就越来越少。

【微经济 13】 支付隔离促进消费

行为经济学家进行过下面这样的红酒实验：

假设 5 年前，你买了一瓶酒，花了 30 元钱，现在市场上这瓶酒的价格是 95 元钱。那么，如果家里来客人了，现在要喝这瓶酒，你认为这瓶酒的成本是多少？

这位经济学家给出了 5 个选项，实验参与者的选择比例如下：

没有成本——30%，30 元的成本——18%，成本是 30 元+利息——7%，成本是 95 元——20%，赚了 65 元——25%。

可以看出，超过半数的人认为自己消费酒是免费甚至赚了的！可实际上呢，如果你现在将这瓶酒卖出去，可以得到 95 元钱，若是喝了，就没有这 95 元钱了。这样似乎好理解一些，那些不认为成本是 95 元的人要么是没考虑到 30 元钱的时间价值，要么是没有考虑到酒的价值增长。其根本原因在于产生了支付隔离现象。

行为经济学认为，当预付的过程把付费行为与消费行为隔离开了，人们无法将受益和成本进行直接对应时，就会产生“支付隔离”现象。支付隔离的存在使人们在主观上认为商品的价格减少了。

现实生活中，信用卡消费、自助餐消费、旅游费用提前支付都是利用了支付隔离的原理，促进了人们的消费。

3. 为什么你消费这种产品而不是那种

一种商品价格上升，我们就会减少对这种商品的消费，其互补品的消费也会随之减少，但其替代品的消费会增加。

【微经济 14】为什么你不怕可口可乐涨价而怕汽油涨价

星期天打完球，你觉得口渴，想喝可口可乐，来到超市却发现可口可乐涨了 5 毛钱。你心想：涨价了？那就不喝它。于是，你拿了一瓶百事可乐。走出超市，你想开着自己的小 QQ 去兜兜风，决定先去加点油。来到加油站，你发现油价又涨了，你心想：真郁闷，又要多花钱！不去兜风了！

为什么可口可乐涨价了无所谓，而汽油涨价了你却不开车去兜风了？因为可口可乐和百事可乐互为替代品，而汽车和汽油是互补品。替代品是指具有相同或相近的用途、能够满足消费者同种需求的商品，如肯德基和麦当劳。通常，某种商品价格上涨，那么其替代品需求就会增加。互补品则是指效用上相互补充，但必须组合起来使用才能满足消费者某种需求的商品，如电脑显示器和键盘。一般情况下，某种商品价格上升，其互补品的需求就会减少。

【微经济 15】 捆绑销售将你捆住了吗

可口可乐有过这样一次促销活动：与某家薯片公司联手，将薯片和饮料“捆绑”在一起销售，薯片价格稍微下降。结果极大促进了可口可乐的销售。这就是捆绑销售的成功例子，他们成功地利用消费者的习惯达到了共赢。人们在吃薯片时，很容易口渴，这时就会想到饮料。而案例中的促销活动先一步想到了消费者的需求，省去了消费者的麻烦，所以促销活动很成功。

捆绑销售是一种跨行业和跨品牌的新型营销方式，开始被越来越多的企业重视和运用。它是指两个或两个以上的品牌或公司在促销过程中利用产品之间的互补性进行合作，提高销量，扩大影响力，是一种共生营销形式。

捆绑销售在实际商业活动中很常见，如电脑和打印机一起卖、汽车和车险一起卖等。作为消费者，我们当然要仔细考虑自己的需求，并不是所有的捆绑销售都适合我们，若是图便宜，只会浪费钱，买回去一些用不到的商品。

【微经济 16】 为什么酒吧的水很贵而花生却免费

我没去过酒吧，但听说有些酒吧一杯清水要卖四块钱，而咸花生是免费的，可以随意吃。为什么酒吧对水收费却对成本较高的花生反而免费？边际效用似乎解释不了，原因在于花生和酒是互补的，而水和酒是不相容的。

人们吃花生吃得越多，要点的酒就会越多。每一种酒精饮料都很贵，可以给酒吧带来非常可观的利润，所以，免费供应花生能提高酒吧的利润。反之，如果水卖得便宜，人们就会多喝水，点的酒就少。所以，酒吧给水定高价，是为了打消顾客消费水的积极性。

相似的例子很多，比如电脑制造商免费提供市价超出电脑本身的软件，手机很便宜而手机电池很贵，这些都是商家在利用产品的互补性来提高利润。

咸肉的故事

咸肉和米饭是互补品，咸肉吃得越多，米饭就吃得越多。生活中，汽车和汽油、家用电器和电等都是互补品，消费时我们应考虑到这些互补品的价格，理性消费。

【微经济 17】 互补品需理性消费

有一个富翁，虽然家里钱财无数，却极其吝啬，每顿只吃最简单的小菜，从来舍不得吃肉。有一天，富翁的儿子实在忍不住，偷偷买了一块咸肉。他拎着咸肉正要开门进院子，却听见父亲正要出来，害怕被责罚，便只好把肉扔在了门口。富翁开门看见门口有肉，甚是欢喜，于是捡回了家里，晚上命仆人做来吃了。儿子一看这个方法还不错，第二天又买了一块咸肉放在了家门口。哪知富翁开门看见咸肉，却一脚把肉踢走了，还怒气冲冲地说道："就因为一块咸肉，害我昨天搭进去那么多米饭。"

故事中咸肉和米饭是互补品，咸肉吃得越多，米饭就吃得越多。这个故事中的富翁因为吝啬，所以连免费的肉也不吃了，看似可笑，却是告诉我们要理性消费互补品。生活中，汽车和汽油、家用电器和电等都是互补品，消费时我们应考虑到这些互补品的价格，理性消费。

4. 小成本，大收益

> 生活中的各个方面都要求我们以尽可能小的成本获得尽可能大的收益。

【微经济 18】 80/20 法则——如何分配你有限的精力

美国企业家威廉·穆尔年轻时曾在格力登公司销售油漆，第一个月他只挣了 160 美元。在仔细研究自己的销售图表之后，他发现，自己的几个主要客户就创造了自己 80%的收入，但是他过去对所有的客户花费了同样多的时间。于是，他开始把精力集中到最有希望的客户身上。不久，他一个月就能赚到 1 000 美元。

实际上，威廉·穆尔只是学会了犹太人经商的二八法则，把精力用在最有成效的地方。行为经济学中也称其为 80/20 法则或帕雷托法则——80%的产出来自 20%的投入。在日常工作和生活中，我们要时刻总结、反省，善于发现自己的低效之处，找到收益的主要来源，学会精简，重点突破，分清主次，就能逃脱“越忙越穷，越穷越忙”这个怪圈。我们在处理客户关系、进行广告投资、召集网上加盟机构以及合伙人等方面都可以用到这一法则。

【微经济19】是扬长避短，还是取长补短

正所谓“金无足赤，人无完人”，生活中，我们既要做到“扬长避短”，又要注意“取长补短”，只不过情况不同、追求不同，侧重点也就应该不同。做事、进行职业规划，我们应该做到“扬长避短”；做人、提升自己，就要做到“取长补短”。

做事情时要扬长避短这一观点可以用经济学中的比较优势来解释。所谓比较优势，是英国古典经济学家大卫·李嘉图发现并应用在国际贸易理论中的，指参与国际贸易的两个国家应该根据“两利相权取其重，两弊相权取其轻”的原则，出口具有“比较优势”的产品，进口具有“比较劣势”的产品。在个人选择上，哪怕我各个方面的能力都不如别人（这种状况虽然并不常见，但还是存在的），我依然可以选择与别人差距较小的方面作为自己的“比较优势”加以利用，从而获得理想的机会。正如古人诗云：“天生我材必有用”，说的就是这个道理。

【微经济20】投资就要买“小西瓜”

有一个小女孩，拿着25美分到西瓜地去买西瓜。她想买自己看中的一个大西瓜，可瓜农说：“这个西瓜要3美元，25美分只能买那个最小的。”园主本来只是想让小女孩知难而退，因为那个小西瓜还未成熟，不能吃。哪知小女孩说就买那个小西瓜。瓜农于是只得告诉她那个瓜还未成熟，买了也吃不了。结果小女孩想了想说：“那先让它在这里长着，我一个月后来拿，那时它就长大了”。一个月后，小女孩抱着成熟的大西瓜高兴而去。

小女孩买瓜这个小小的故事里实际蕴藏着“超前投资，赚取未来钱”的大智慧。在家庭投资理财中，善于买“小西瓜”，会使你的家庭资产的增值速度始终快于别人。开公司创业、购买原始股或股市低迷时的潜力股以及购买期房都是在买“小西瓜”。另外，“小西瓜”长成“大西瓜”需要一个过程，所以，投资者还需要有小女孩一样的耐心。这样长期投资必会享受更加丰硕的成果。

【微经济 21】投资自己，裸婚何妨

1951 年，巴菲特从哥伦比亚大学毕业，由于在纽约找不到工作，只得回奥马哈做股票经纪人。第二年，巴菲特向自己喜欢的姑娘苏珊求婚，他对苏珊说："亲爱的，我目前攒下了 1 万多美元，现在我们有两个选择，一是可以用它买个小房子，二是我拿这 1 万美元去投资，过几年再买套大的。"苏珊表示先投资，于是巴菲特和苏珊租房结了婚，晚上甚至能听见天花板上的老鼠在打架。租房住了 4 年后，巴菲特成立了自己的公司，又过了两年，他才花了 3.5 万美元买了一套一般的小楼，至今仍住在那里。十年后，巴菲特赚到了自己人生的第一个 100 万元。

苏珊和巴菲特的选择告诉我们：一辈子最重要的一次投资是投资自己而不是投资房子。如果苏珊当时选择买房子，也许就没有股神巴菲特了，因为即使是股神，也需要十年的发展时间。从这点来看，如果能很好地投资自己，裸婚又何妨！

【微经济 22】价格歧视也有好处

在畅销书《3000 美金我周游了世界》里，作者写到自己在欧洲旅行时，准备从巴黎乘飞机飞回伦敦。正常的票价是 181 英镑，这对当时还是学生的他来说显然有点贵了，于是他仔细搜寻报纸信息，希望能买到便宜的机票。结果他最后买到的机票价格是 6.3 英镑！但这还不算作者买到的最便宜的机票，有一次他从比利时飞回伦敦，竟然只花了 0.01 欧元，合人民币 8 分钱！

你可能会不以为然，因为中国的机票显然没有这么便宜，但你也不得不承认，有时在网上你能淘到很便宜的机票，这就是价格歧视现象。厂商定价的时候，主要是要锁定具体的顾客，根据其需求特点、对产品价格的敏感程度寻找一个合适的价格，使得总利润达到最大。否则，价格高，未必赚；客人多，还是未必赚。比如，持有会员卡或积分券的顾客在超市里能享受"会员价"，同样的书卖给图书馆和卖给个人的价格也不一样，这些都是厂商的价格歧视。所以，如果你有时间，不妨淘淘，也许真的能淘到宝。

【微经济 23】美与丑的搭配乃博弈均衡

人们经常发现，美丽动人的姑娘身边常伴着其貌不扬的小伙子，而身材

魁梧且英俊的小伙子往往找的是相貌平平的姑娘为妻。这一现象实际是婚恋博弈的纳什均衡结果。

我们假设美丽的姑娘或英俊的小伙子搜寻对象的机会成本为 2，而相貌普通的姑娘或小伙子搜寻对象的机会成本为 1；又假设找到相貌美丽或英俊的伴侣的收益为 2，找到相貌普通的伴侣的收益为 1。这样，美丽姑娘的最优选择就是不搜寻并等待相貌普通的小伙子的搜寻；而相貌普通的小伙子的最优选择就是主动搜寻美丽姑娘。同样，另一对最优选择是英俊小伙等待而相貌普通的姑娘搜寻。

所以，下次再也不要为这种常见的现象而感慨不已——它就是我们自己权衡之后选择的最好结果。如果想要找到英俊或是美丽的伴侣，最重要的就是主动搜寻。

【微经济 24】 要想收获更多，就先吃小块“西瓜”

一个青年向一位富翁请教成功之道，富翁只是请青年吃西瓜。富翁让青年在三块大小不等的西瓜里挑一块吃，青年毫不犹豫地选择了最大的。富翁于是拿了最小的那块开始吃。青年大口地吃着，却发现富翁很快就吃完了小块的西瓜，然后拿起桌子上最后的一块接着吃了起来。青年很聪明。立刻明白了富翁的意思——虽然富翁开始时吃的西瓜比自己的小，但最后却比自己吃得多。如果西瓜是利益，那么自然富翁得到的利益大。

美国电话电报公司前总经理卡贝说过：放弃有时比争取更有意义，放弃是创新的钥匙。在未学会放弃之前，你很难懂得什么是争取，这就是“卡贝定律”。不论是企业还是个人，其时间和精力都是有限的，要想获得更大的利益，就要有长远的眼光，懂得放弃眼前暂时的利益，这样才能像那位富翁一样得到更多的利益。

第7章

于对比中选择

【对比和参照】我们的本性让我们不断对比，在对比中作出选择，没有对比我们甚至不知所措。商家正是利用我们的这一心理，改变我们的参照点，诱惑我们选择“他们的选择”。掌握商家的伎俩，不再在自以为是的对比中成为傻瓜。

1. 无意识中我们也在比较

取法为上，仅得为中，取法为中，故为其下。

——唐太宗《帝范》

【微经济 1】 即使是不相关的数据也能影响你

康奈尔大学的拉索教授曾问过学生一个问题：匈奴王阿提拉在哪一年战败？另外，教授要求学生把他们自己电话号码最后三个数字，加上 400 作为一个基准数。结果显示：如果得到的基准数在 400～599 之间，学生们猜测的年份平均是公元 629 年；如果得到基准数在 1 200～1 399 之间，学生们猜测的年份平均是公元 988 年。实际上阿提拉于公元 457 年战败。这些学生明明知道他们得到的基准数据毫无意义，可还是受到了这个数据的影响。被试者得到的基准数越大，他们所猜测的阿提拉战败时间也就越晚。

这说明了人脑是多么容易受影响，即使是不相关的数据也能使人的思维被“锚定”。大多数脑筋急转弯都运用了锚定效应，引人上钩。楼市中的“地王”也只是房地产开发商提高价格的一个“锚”。

【微经济 2】 学会先入为主，别让锚固定你的思维

有一个收藏家看中了一件要价 10 万元的艺术品，但认为要价太高，遂让自己的朋友装成顾客，到店里去选购古董。第一个朋友直接对这件艺术品开出 2.5 万元的价格，卖家坚决不卖。不久，第二个朋友也去了，仍然开价 2.5 万元，表示最多出 3 万元。卖家仍表示不卖，但内心已开始动摇。这时候，收藏家出现了，经过讨价还价，双方最终以 5 万元成交。

人们对某个事件作出评估时，会将某些特定结果作为初始的参照依据，这个初始参照依据像锚一样制约着人们的评估结果，这种现象就叫做锚定效应。这个故事里，收藏家很好地运用了锚定效应。他先让朋友去开价，实际上是要将艺术品的价格固定在较低的价位上，自己再控制价格。这种先入为主的做法，很好地制约了卖家的价格。

杀价的艺术

人们对某个事件作出评估时，会将某些特定结果作为初始的参照依据，这个初始参照依据像锚一样制约着人们的评估结果，这种现象就叫做锚定效应。这个故事里，收藏家很好地运用了锚定效应。这种先入为主的做法，很好地制约了卖家的价格。

现实生活中一些厂商不惜重金研发销量和利润并不可观的旗舰产品，就是为了加强其在消费者心中的美好印象，从而拉动一般产品的销售。

【微经济3】扔出“飞锚”，赚更多钱

一条街上开着两家经营早餐的小店，左右相邻。两家店的生意都很好，每天都是顾客盈门。可是，奇怪的是，左边这个店总是比右边这个店每天多赚两三百块钱。

通过比较观察发现，营业额差距的秘密是：走进右边的店，服务员微笑着把你迎进去，给你盛好一碗粥，热情地问你：“您要不要加鸡蛋？”一般情况下，喜欢吃鸡蛋的人，就会说加一个；不喜欢吃鸡蛋的人，就会说不加。可是，走进左边那个店，服务员同样微笑地迎接你，但问的是：“您是加一个鸡蛋还是加两个鸡蛋？”一般情况下，喜欢吃鸡蛋的人，就会说加两个；不喜欢吃鸡蛋的人，就会说加一个。就这样，一天下来，左边的早餐店比右边的早餐店每天要多卖出很多个鸡蛋，这就是它每天多赚两三百块钱的秘密。

左边的早餐店将“一个鸡蛋”这个“锚”塞给了每一个进店的顾客，由于人们通常很难摆脱锚的影响，所以大多数人都会要一个鸡蛋。

【微经济4】一张纸并不薄

你能把一张纸对折多少次？这个问题曾经在网上被广泛讨论。人们往往认为这个数字会很大，毕竟一张纸非常薄。但如果你亲自动手试试，你会发现根本不是你想的那样。即使是一张很薄很大的纸，当你对折到六七次时，就已经很难进行下去了。

我们回答这个问题之前，“纸很薄”这个观念已经像个锚一样刻在我们的脑海里。我们是以这个观念为基础来给出的答案。假设纸的厚度为0.1毫米，当你对折了7次时厚度就达到了1.28厘米，这已经是一个不容忽视的厚度了，想要继续对折就变得很困难了。

克服“锚定效应”，摆脱脑海中的固有印象并详细地考虑各种影响因素十分重要。

【微经济5】抢占先机，莫失首因效应

一位心理学家曾做过这样一个实验：

他让两个学生分别做同样的30道题，且都仅做对30道题中的一半，但是让学生A做对的题目尽量出现在前15题，而让学生B做对的题目尽量出现在后15题。然后，让另一些学生对两个学生进行评价：两相比较，谁更聪明一些？结果发现，多数人都认为学生A更聪明。

这就是首因效应的作用，首因效应，在人与人相互交往中就是第一次给人留下的印象在对方的头脑中占据着主导地位的效应。

首因效应的作用随处可见，《三国演义》中大才子庞统面见孙权就是一个例子，孙权见庞统长得不好看，心中就有了不快，又见他傲慢、目中无人，便将其拒于门外。还有比如“新官上任三把火”、“早来晚走”、“恶人先告状”、“先发制人”、“下马威”，都是为了抢占先机。

【微经济6】 不要让“鸟笼”困住你的思维

有一个老国王有两个儿子，都很优秀，国王不知道该将王位传给谁，于是给他们出了一道难题。他对两个儿子说：“我给你们每人一匹马，白马给老大，黑马给老二，你们比赛骑马去清泉边，但是谁的马后到谁就继承王位。”老大想采用推延战术，于是磨磨蹭蹭不上马，哪知老二却一把夺过哥哥的白马飞奔而去，先到了终点。因为是白马先到，所以老二取胜，得到了王位。

心理学家提出过一个鸟笼逻辑，即送别人一只精致的鸟笼挂在房中，那么一段时间之后他必然会养一只鸟，说的是人在绝大多数情况下都是用惯性思维思考。案例中的老大也是如此，不知道用反向思维来控制他人的马速。如果我们能如老二一样突破思维的惯性，必能脱颖而出。

2. 对比让商家有更多可乘之机

商家就如心理专家一样，知道我们作出选择时对比的作用，他们就“设计”出各种对比，让我们选择。

【微经济7】 中庸之道淹没了你的真实需求

在商品世界中，有一种奇怪的现象：咖啡、可乐之类的商品，大份和小份之间在生产成本上的差额并不大。但商家为了促销，对其的定价却相差很多，而人们的选择也有它的规律性。

例如，我们假设某饮品店推出一种奶茶：大杯（600 毫升）10 元，中杯（500 毫升）7 元，小杯（350 毫升）5 元。如果你是理性的，又不对奶茶非常钟爱，那么你应该选择消费小杯的奶茶。但三种价格的对比往往影响人们的判断，在大杯和小杯两个极端的对比下，人们更倾向中庸之道。在经济学的实验中，很多人在上面的情况下更倾向于选择购买中杯的奶茶。

这种现象被形象地称为“中杯效应”，指人们往往在各种选项中选择比较中庸的选项而忘记了自己最初真实的需求。这种现象不仅仅体现在消费行为中，也体现在各式各样的决策活动中，例如企业在营销方案的选择上，常常不自觉地陷入中杯效应的陷阱。

【微经济 8】你是否也吃了商家的“诱饵”

我们首先用一个面包机的故事来说明诱饵效应：

威廉斯——索诺马公司首次推出家用烤面包机（售价 275 美元）时，多数消费者不感兴趣，销售业绩也很差。为了改善这种情况，公司采取了一个补救办法：再推出一个新型号的面包机，不仅比现在的要大，价格也比现有的型号高出一半左右。结果原来那个型号的面包机的销量开始上升了，不过新型号的面包机很少有人购买。新型号推出以后，消费者就有了两个型号可以选择。对于两台大小、价格都相差很多的面包机，人们会想：我现在还不太懂面包机，不过好像还挺有用处，先买一个小的试试吧。

大的面包机只是“诱饵”，厂商并未希望卖出多少大的面包机，但它诱使人们买了小型的面包机。这就是诱饵效应。它在生活中非常普遍，比如旅馆会对已经被订的房间大做广告，有的公司会宣传还没有上市的产品等。要避免“诱饵效应”的影响，我们需要坚持一条原则——只买需要的商品。

【微经济 9】交替对比，让你作出不同的选择

行为经济学家特韦斯基曾经做过这样一个实验：

有三种微波炉：一种是三星微波炉，售价 110 美元，7 折出售；一种是松下 A 型微波炉，售价 180 美元，7 折出售；最后一种是松下 B 型微波炉，售价

200美元，9折出售。特韦斯基先让一组人对前两种作出选择，结果有57%的人选择了三星，43%的人选择了松下A型。再让他们在三种微波炉中作出选择，结果，约有60%的人选择松下A型，27%的人选择了三星，13%的人选择了松下B型。加入并不优惠的松下B型之后，选择松下A型的人显著增加。

根据特韦斯基的解释，这是交替对比的结果。换句话说，就是由于人们可以在各种选择之间进行利弊对比，才使某些选择显得更有吸引力，或是没有吸引力。理性来讲，与某一事物无关的因素以及评估方式都不应该影响我们对它的评价，但现实生活中，情况并不是这样。正所谓没有对比就没有选择，我们的绝大多数选择都是在对比的基础上作出的，并且要多方面对比，这就是交替对比的作用。

【微经济10】 看上去美，少比多好

有两杯哈根达斯冰淇淋。A杯有冰淇淋7盎司，装在5盎司的杯子里面，看上去已经溢出来了；B杯的冰淇淋是8盎司，但装在了10盎司的杯子里，看上去还没装满。你肯定在想自己愿意为B杯多付钱，不过，当看见实物时，人们愿意花更多的钱去买A杯，仅仅因为那个杯子显得很满！研究发现，实际生活中，人们倾向于抓住一些比较容易评价的线索，以此来作出判断，而并不是像传统经济学所描述的那样先判断一个物品的真正价值。这个例子中，装得满不满就是一个容易评价的线索，这说明多不一定比少好。

这对我们有一定启示：人的生命就像杯子一样，是有限的，我们可以少做些事情，把每一件都做好，也可以做很多事情，但做不到每件事情都很完美，该怎么选择呢？就像冰淇淋一样，我们也许应该选择少做几件事情，而不要因为贪多做错很多事。

【微经济11】 经纪人“浪费时间”也是在赚你的钱

一位买家正在犹豫着该买哪一栋房子，一栋是标价300万元的高档别墅，另一套是标价280万元的精装修新房，从地理位置、交通状况、环境等各个方面来说，两者都不相上下，各有优点。买家倾向于买别墅，但不知道自己的决定到底对不对。他的经纪人看他很犹豫，于是带他去看另一栋旧别墅，这一栋标价320万元，屋况却不如第一栋别墅。结果，买主决定买下标价

300万元的高档别墅。

故事中的经纪人看似在浪费时间，实际是在促使客户花更多的钱。客户在第一次的比较中感到为难，但在第一栋别墅和第二栋别墅比较的过程中却丝毫不为难，因为第二栋别墅质量不好，价格又高。于是，客户产生了爱屋及乌的心理，并将它带入和那套精装修新房的比较中。

西蒙森和特沃斯基将这种现象称为偏好的逆转，并指出这种现象很普遍。人们往往在两个差不多的选项面前难以选择，但如果引入一个新的选项就能显著影响人们的选择。房屋经纪人以及零售商都会经常使用这种手法，往往很有效。

【微经济12】 价格歧视，丈夫买的东西比妻子买得贵

小王和妻子结婚多年，眼看着恋爱的浪漫与激情渐渐消失，为了能制造点罗曼蒂克气氛，小王决定送点礼物给妻子。在商场逛了半天，小王发现一条质量、颜色都不错的丝巾，于是决定就送它。上前一问价，服务员说200元钱一条。小王暗自想，比自己打算的还便宜50元，于是很高兴地买下了。回家拿给妻子看，妻子挺高兴，不过却抱怨他买贵了，还说前两天她问的时候这条丝巾100元就能买下。小王觉得很懊恼——又被宰了。

小王被宰其实也很正常，精明的商家对夫妻间不同的价格期望非常熟悉，于是采取典型的“看人定价”的价格差异化策略，卖给丈夫要200元，卖给妻子要100元，也就是价格歧视。

了解了价格歧视之后，丈夫再为妻子买礼物时，就应该更理智地权衡和思考了。此外，不妨试着买妻子所不熟悉的东西，那样也许会少些抱怨。

3. 与其一个人犯错，不如一群人犯错

我们害怕犯错，害怕损失，所以就如羊群一样容易从众。从众心理很容易导致盲从，使我们最终陷入骗局或遭到失败。

【微经济13】 跟着别人，即使犯错也会心安理得

虽然许多人都知道“真理往往掌握在少数人手中”，但当人们真正作出

选择的时候，还是很可能跟大部分人作出一致的选择，哪怕这个选择是错误的。

经济学用“羊群效应”这个术语来形容经济个体从众跟风的心理。比如有两家比邻的烤鸭店，烤鸭在质量和口味上相差无几。但很多时候我们会发现总是只有其中一家烤鸭店门前排着长队，而且队伍是越排越长。人们追随主流的选择实际上是在避免自己后悔。

大家都错了显然要比一个人错的滋味好得多。但这种盲从心理常常导致人们作出错误的判断，带来实际的损失。克服羊群效应需要你掌握真正重要的信息、根据这些信息作出判断，而不是单单以他人的判断作为依据。与此同时要敢于担当，能为自己的判断负责。否则如果自己判断错了一次，就会推卸责任，之后又做起羊群中的羊了。

【微经济 14】编造出的谎言也有合理性吗?

1985 年，投资大师巴菲特曾在贝克夏·哈斯维公司的年报里讲过这样一个故事：

一个石油大亨来到了天堂，被圣彼得拦住：“给石油大亨们准备的大院已经满了，即使你有资格进入天堂，也没地方住了。”

这位石油大亨有点不甘心，于是请求圣彼得让他对住在大院里的同行们说一句话。圣彼得答应了他这个小小的要求。于是这位石油大亨对着院里的居住者们大喊：“地狱里发现石油了!”大院里的人听到这个消息后一起奔向地狱。就在圣彼得夸赞这位石油大亨的非凡智慧时，石油大亨犹豫了一下说道：“很抱歉，我也要去地狱看看，既然这么多人相信它，想必它存在着合理的要素。”通过这个故事我们可以看到，众人的看法对于个人选择影响是多么巨大，甚至能让人相信自己编出的谎言!

无论是在日常消费选择还是在市场投资中，我们都应该理性选择，仔细分析各种情况，考虑众人意见却又不为众人意见所左右。

【微经济 15】不要像松毛虫一样盲从

法国心理学家约翰·法伯曾经做过一个松毛虫实验：

石油大亨的智慧

大家都错了显然要比一个人错的滋味好得多。但这种盲从心理常常导致人们作出错误的判断、带来实际的损失。无论是在日常消费选择还是在市场投资中，我们都应该理性选择，仔细分析各种情况，考虑众人意见却又不为众人意见所左右。

他把若干松毛虫放在一只花盆的边缘，使其首尾相接，在花盆的不远处，又撒了一些松毛虫喜欢吃的松叶。松毛虫开始一个跟一个绕着花盆一圈又一圈地走。这一走就是七天七夜，饥饿劳累的松毛虫尽数死去。而可悲的是，只要其中任何一只稍微改变路线就能吃到松叶。

后来，人们把这种喜欢跟着前人的路线走的人称为“跟随者”，把因跟随而失败的现象称为“松毛虫效应”。在现实生活中，不要别人怎么做，我们就一定怎么做，也不要因为过去怎么做，现在就依然怎么做。我们在处理问题时，不能禁锢于以往的僵化模式，只有摆脱头脑中的思维定式，不再盲从，另辟蹊径，才能在竞争中出奇制胜。

【微经济16】孤立效应如何让你脱颖而出

广告信息之所以不能有效传递，原因之一就是你的广告周围还充斥着太多的其他信息，尤其是其他厂商的广告。当一则广告被淹没于如此庞大的信息海洋中间时，它很难脱颖而出、吸引大众的注意力。相反，如果你的广告处于一个相对孤立的空间，它就能很好地吸引注意力。例如，当马路上密密麻麻地竖满了广告牌时，路人往往不会去看它们，甚至连眼皮都懒得抬一下。但假如整条马路只立着孤零零的一个广告牌，大部分路人都会忍不住看上几眼。

不单路牌广告如此，报纸、杂志、电台、电视等几乎所有的媒体都有这样的特点，如果整份报纸或整本杂志只有一个广告，或者整晚的电视只有一个广告，那么这些广告就会成为人们注意力的中心。问题是，我们没有可能独霸整条街道或独霸整份报纸、杂志，我们能做的是利用一些视觉和听觉上的效果，把我们的广告跟周边的信息在一定程度上隔离开来，从而模拟出一种“孤立广告”的效果。

【微经济17】你为什么用QQ？因为别人在用

每天早上，小王习惯性地打开计算机，习惯性地点开QQ的企鹅图标，习惯性地输入账号和密码……一切都是那么自然。现在，上至60岁的老人，下至七八岁的小孩，几乎人人都有自己的“小企鹅”，为什么我们都用QQ？仅仅是因为别人也在用。有时候你可能想过不用QQ，可是你发现其他人都在用它，你不用时，好多朋友就联系不到你了，于是你仍然会去用QQ。

这就是经济学中的网络外部性的作用，当一种产品对消费者的价值随着其他使用者数量增加而增加时，就说明这种产品具有网络外部性。也就是说，对有网络外部性的产品，每一个用户所能够得到的效用与用户的总人数呈正相关。传真机、电话的使用都是很好的例子。在大家都有电话的情况下，如果谁没有电话，会觉得很不方便。

【微经济 18】 有时候随大流也是对的

据调查，全世界大部分地区销售的铝制易拉罐都是圆柱形的，并且高度（12厘米）约等于宽度（直径6.5厘米）的两倍。按照几何学，如果把这种易拉罐造得矮一些，胖一些，能少用许多铝材，商家的成本也就降低很多。比如，高7.8厘米、直径7.6厘米的圆柱铝罐，与现在的标准易拉罐容量相同，但能少用近30%的铝材。那么为什么没有商家使用矮胖的易拉罐呢？

经济学家给出了两个可能的解释：一是消费者会受到横竖错觉的误导，二是消费者偏好细长易拉罐的样子。对于解释一，横竖错觉是心理学上一种著名的视错觉，指的是，等长的两条线，垂直线平分水平线，看起来垂直线比水平线长，当水平线加长30%时，人们主观上才感到它同垂直线一样长。人们在大多数情况下都认识不到这一错觉，所以想改变也比较困难。而对于解释二，商家更难改变人们的喜好，所以，即使矮胖的易拉罐更省钱，也很少有商家使用它。

从这一点看，也许有时候随大流也是对的。

4. 没有对比就没有决策

> 只要比你小姨子的丈夫（连襟）一年多赚1 000块，你就算是有钱人了。
>
> ——门肯

【微经济 19】 钱多钱少不重要，重要的是比别人多

假设在同样的商品价格水平下，以下两种情况你会怎样选择？

A. 你的同事每个月赚 8 000 元，而你每个月赚 7 000 元；

B. 你的同事每个月赚 5 000 元，而你每个月赚 6 000 元。

按照传统经济学假设，一个理性的人应该选择 A。因为 A 的绝对收入比 B 要高出 1 000 元。但很多行为经济学实验证明，大部分人会选择 B。显然，你同事的收入水平对你的选择产生了影响。

这种现象在前景理论中被称为参照依赖。参照依赖可以被解释为，人在作出决策的时候所依据的不是决策方案各种可能结果的绝对效用值，而是以某个已经存在的内心参照点为基准得出的相对效用值。

参照依赖使我们很容易理解人为什么会“羡慕、嫉妒、恨”。因为我们把参照点建立在别人身上，时不时与别人比较来判断自己的幸福程度，当自己不如别人时，即使自己做得也相当不错了，但内心的幸福感依然会大打折扣。

【微经济 20】 参照依赖，温水煮青蛙

在我们都熟悉的温水煮青蛙实验中，面对热水锅时，青蛙的温度参照系是周围的正常温度，巨大的温度差激起了青蛙的逃生反应。而在面对慢慢加热的锅时，青蛙的温度参照系虽然也是自己周围的温度，但这个温度是慢慢变化的。较小的温差不会激起青蛙的逃生反应，所以青蛙就静静地趴着直到自己被煮熟。

上面的故事说明，在安逸的环境中，人很容易被迷惑，最终导致消沉。由于整个变化过程是一点一点渐进的，人就在不知不觉中陷入了危机，待醒悟过来时却为时已晚。

【微经济 21】 得而复失，与不得同

蜀汉建兴六年，诸葛亮点兵 30 万，协同赵云、魏延等名将，挥师北伐曹魏。这是《三国演义》中记载的故事，大家也都不陌生。整个战争过程中，南安、天水和安定三郡得而复失，不赚不赔。虽然折损了马谡，但是也得到了姜维，况且姜维之才，倍于马谡。蜀军此战虽有伤亡，但是比魏军少很多。可以说，整场战争下来，蜀国不但不赔，而且还有小赚。但诸葛亮在和费祎的对话中却说“得而复失，与不得同”，诸葛亮为什么会这么说？

行为经济学的理论可以解释，对于不同的参照系，即使是同样的结果也

会导致截然不同的心情，产生不同的状态——好于参照系的状态为获得，差于参照系的状态为损失。诸葛亮正是将参照系选在了得到三郡之时，所以才沮丧。另外，由于损失厌恶心理的存在，丢失三城的痛苦远远大于得到三城的快乐，所以他才说“得而复失，与不得同”。

【微经济 22】 利用参照值改变风险偏好

假设你买彩票中了 500 万元，你们一家人想用它进行投资，但现在在两个方案上犹豫不定。方案一是加盟麦当劳，5 年后肯定赢利 200 万元；方案二是开一家特色酒楼，有一半的可能 5 年赢利 300 万元，一半的可能赢利 100 万元。家庭成员大多是风险厌恶者，觉得方案一好，如果方案二确实很有前景，那怎么说服家人？

可以通过改变参照值，即赢利目标来改变大家的看法。你可以通过数字证明就是买 500 万元国债赚到的也会比 200 万元多很多，比如 250 万元，这样你就将盈利目标提高到了 250 万元。所以，虽然方案一比较保险但收益确实太低，而方案二要么多赚 50 万元，要么少赚 150 万元，这时，两种方案的期望收益都是－50 万元。而人们在面对损失时，更倾向于赌一把，所以选择方案二的可能性就大大增加。

生活中，以中等或低标准衡量目标，人们倾向于小心谨慎；而以高标准衡量目标，人们则敢于冒险。所以，通过调整参照值，可以影响人们对得失的判断，进而调节他们的风险偏好。

【微经济 23】 单独和联合评估教你如何相亲

有朋友给你介绍了一个相亲对象，据朋友介绍那个男孩子不错，你挺有好感的，想给对方留下一个好的印象，但室友想和你一起去见见那个人，你会让她和你一起去吗？我们的答案是：在你美她丑以及你和她都丑的情况下，你应该让她一起去，在你丑她美以及你和她都美的情况下你应该独自去。原因在于，如果两个人都美，那么男孩子会将两个人进行比较，可能发现你的不足，若是两个人都丑，反而会有男孩子发现你的相对优势的可能。

这其中涉及联合评估和单独评估。联合评估是指评价事物时你可以将对象与其他的事物相比较来进行评价；而单独评估是指没有比较，只能单独评价一个事物。此外，如果你脖子上有个明显的疤痕，但你比室友更有才情，应该一起去，因为你可以在一起聊天的过程中表现出自己的优势，相反，若是你不如室友有才情，那就独自去好了。单独评估和联合评估的原理还可应用于求职和产品促销等方面。

【微经济24】 要跑就要跑得比其他人快

有这样一个故事：三个旅行者在森林里休息，突然，从森林里出来一只老虎。三人都吓了一跳，这时其中一人迅速从包里拿出运动球鞋穿上。另一人问他："这时穿上它干什么，再快你也快不过老虎。"他说道："是快不过老虎，可是只要比你们两个快就行了。"我们暂且不说结果如何，也不评论这个人的行为，单说他想要比另外两人跑得快。这个想法其实有些道理，颇有些快鱼法则的意思。

快鱼法则说的是，在新经济中，竞争已不是大鱼吃小鱼，而是快鱼吃慢鱼。1964年12月22日，加拿大议会通过了一项决议——将枫叶旗定为国旗。结果三天以后，枫叶小国旗和玩具就出现在了加拿大市场，销售异常火暴，但其生产商却是日本的，并不是加拿大的厂商。这就是快鱼法则的例子。

快鱼法则在企业内部也很重要，若是某人能有"快鱼"的紧迫感，不拖沓，努力提高自己的工作效率，那他就会成为公司的优胜者。

【微经济25】 因为"面子"下不来台有时也是好事

心理学家恰尔迪尼有一天在街上行走时，忽然被一个男孩拦住。男孩问他是否愿意购买有童子军赞助的马戏团的演出票，每张5美元。恰尔迪尼拒绝了。听到拒绝，男孩并没有离开，而是继续问他是否愿意购买巧克力棒，只需要1美元。恰尔迪尼点了点头，买了两根巧克力棒。

我们在生活中也经常遇到这样的事情，小男孩无意识中运用了"留面子效应"，就是先向别人提出较大的要求，这可能会增加人们对较小的要求的顺从动机。在人际交往中我们可以巧妙地利用"留面子效应"达到自己的目的，这一效应在商品定价中也适用，比如开始要价时可以稍微高一些。但不要为了一己之私，轻易利用他人的心理。对于个人决策而言，我们可以先设定一个较高的目标，这样有利于调动自己或他人的潜力。也就是说，设定大目标更容易创造成就。

【微经济 26】涨工资了，你为什么不去批发市场买衣服了

假设以你现在的工资水平，每个月都去会批发市场买两件衣服。如果你每个月工资增加了 500 元，爱打扮的你每个月也许改为在批发市场购买三件衣服；如果你突然受到老板的器重，职位得到提升，每个月工资增加了 5 000 元。你还会去批发市场买衣服么？

很多人的答案会是去更高档一点的商店买衣服。一些商品，它的需求量随着消费者收入的增加而增加。这种商品在经济学中被称为“正常品”。而还有一些商品，它的需求量随着消费者收入的增加而减少。这种商品在经济学中被称为“低档品”。实际上，经济学使用“低档”这个字眼并不是进行价值判断。在批发市场我们依然可以找到许多物美价廉的衣服。但如果你的收入水平提高到一定程度，你可能会忍受不了嘈杂的购物环境和熙攘的人群而另寻他处。

【微经济 27】满意了就果断决定，“最优”不一定好

1984 年，苹果公司开发了一种先进的、便利的 Mac 计算机操作系统。很快，该系统就流行起来，但苹果不愿意将自己的制作权发放给其他制造商，由此丧失了市场。不久，微软公司也开发出了 Windows 系统，并向任何付钱的客户颁发制作许可证，结果赢得了市场。直到 1994 年，苹果公司才批准开放 Mac 技术，而此时只有少数几家电脑制造商来订货，因为大多数都已用上了 Windows。金融分析家道格拉斯·卡思说：“苹果公司最后所做的决定是正确的，只是拖得太久了。”

苹果公司的教训证明，瞻前顾后、期望完美只会丧失时间、丧失机会。诺贝尔经济学奖得主赫伯特·西蒙提出的有限理性原理指出，决策以“满意”为标准即可，不必最优。因为实际情况中，决策者不可能具备所有的知识，也不可能知道所有的决策方案，面对的环境也在不断变化。总之，影响决策的各种因素都有很大的不确定性，所以，只要决策者“满意”，就该果断决策。

第8章

不可不防的思维陷阱

【过度自信和谬误】我们不是“理性经济人”，我们面临着一个充满未知的世界，所以我们的思维中存在着陷阱。资讯也许只是垃圾，控制也许只是幻觉，你的决策也许只是自负的表现。

1. 过度自信让你视野狭窄

妄自尊大只不过是无知的假面具而已。

——伏尔泰

【微经济1】 买彩票时，你自己选的号码真的比机器选的号码更容易中奖吗？

当你去彩票售卖点购买彩票时，你会发现不少“资深彩民”在那里通过研究往期的中奖结果来选择本期的投注号码。鲜有人让机器随机帮他们选择。而事实上，个人选的号码和机选的号码中奖概率是一样的。但绝大多数人还是相信自己的判断，认为自己可以把命运掌握在手中。

在这种情况下人们显然并不是理性的，他们犯的错误在行为经济学领域被称为“过度自信理论”。过度自信可以被定义为行为个体认为自己知识的准确性比事实的程度更高的一种信念，即对自己的信息赋予的权重大于事实上的权重。用成语概括就是“夜郎自大”。

在现实中这样的例子比比皆是，如年轻的男孩子夸大自己的“英勇事迹”，有人在毫无规律的数据中总结出某种具有因果关系的理论，等等。这种过度自信的心态会让人们在面临决策时低估不利于自己的事实，高估自己的能力，从而犯下“大意失荆州”的错误。

【微经济2】 真正的无知是对自己的无知毫不知情

在这个信息爆炸的时代，每个人都自认掌握了大量的信息，而且认为自己可以通过各种渠道轻易获得信息。有的时候当别人的话尚未说完时，我们就会抢先一步说：“我明白，是这么回事。”

按照传统的经济学理论，一个经济个体掌握的信息越多，作出的决策就越理性、越准确。跟古人相比，我们真的就更聪明么？

事实上，今天的我们依然迷失在大量的荒谬和错误之中。过度自信让我们过分信赖自己掌握的信息，殊不知这些信息是不准确、不完整的。哪怕是正确完整的信息，我们也可能从中推演出错误的结论。

真正的围棋、桥牌等高手是不会过度自信的，大量的经验使他们深知自己的局限性。往往是新手才显得自信满满。很多时候，承认自己的无知才是做好一件事情的第一步。毫无疑问，这是艰难的一步。

【微经济3】不自觉的过度自信往往毁了你的规划

1957年，澳大利亚政府决定修建悉尼歌剧院，项目预算为700万澳元，并计划在1963年完工。结果，尽管澳大利亚政府后来大大缩减了工程的规模，悉尼歌剧院也直到1973年才建设完成，最终的工程耗费更是达到了1.04亿澳元。

1976年加拿大蒙特利尔奥运会申办之初，该市奥组委计划为整个奥运会投资1.2亿美元，并建设一座带有活动顶盖的体育场作为主会场。但来自世界各地的运动员汇聚到这座体育场中时，并没有看到传说中的活动顶盖。事实上，直到1989年，这个活动顶盖才“姗姗来迟”，加装这个活动顶盖也花费了巨资。政府的奥运会债务直到2007年末才还清。

这种现象被行为经济学家称为“规划的误区”，实际上是过于自信。政府在财力雄厚、人才济济、预算精准的情况下依然会犯下如此自大的错误，个人又如何能避免？我们常常过度自信。

【微经济4】认知失谐比不和谐更可怕

在考虑为未来的退休生活购买养老保险时，一些年轻人可能假想自己在未来会变成一个没有能力赚钱、也没有积蓄的穷人。由于这种形象与目前良好的自我形象相悖，年轻人会觉得有冲突。为了消除这种冲突，他们就会倾向于认为自己在退休时是富有的，根本不需要依靠保险收益，最终选择不购买养老保险。

这就是人们“认知失谐”的表现。认知失谐是指：人们认识到自己的前后态度之间或者态度与行为之间存在着矛盾，会产生不和谐的感觉，为了消除这种不和谐，他会倾向于忽略或是拒绝接受与他正面形象发生冲突的信息。认知失谐会蒙蔽决策者的双眼，影响决策的制定。对于投资来说，它让投资者在乐观盲目的情况下评估自己的投资决策，这会增加投资的风险。所以，我们不妨坦然接受“不和谐”，并想办法解决问题，这样我们的决策也许会更加正确。

不需要养老保险

人们年老后无依无靠的消极形象是与目前良好的自我形象相悖的，会让年轻人觉得冲突。为了消除这种冲突，他们就会倾向于认为自己在退休时是富有的，根本不需要依靠保险收益，最终选择不购买养老保险。这是认知失谐的表现。

【微经济5】 信念忠诚也是错误

2007年，备战2008年北京奥运会的中国足球国奥队在南非八国赛中排名垫底。原来，杜伊执掌国奥队以后，提出了“进攻就是最好的防守”的作战理念，并围绕这一理念制定了一整套战略战术，防守逐渐被边缘化。杜伊对“进攻就是最好的防守”这一理念太过“忠诚”，进而自动忽略了其他信息。他犯的是“信念忠诚”的错误。

信念忠诚是指人们一旦形成某一信念和判断以后，就会表现出对它的忠诚和信任，从而不再关注其他相关的信息。比如，一旦一个公司认为某个投资项目比其他项目利润丰厚，该信念就会在一定的时间内一定程度上左右着该公司的决策和判断，从而暂时屏蔽了该项目利润发展变化方面的其他信息。

信念忠诚会使决策者和判断者处于信息弱势状态，出现所谓的“驻存现象”，其实质是新的信息的传递受到忠诚信念的阻碍和隔绝。

【微经济6】 工作效率不高吗，也许是知觉防御太强

公司新招了一名员工。因为每次交给他的任务他总是能够认真地“执行”，所以经理觉得他的一切工作都还可以接受，并相信过一段时间后，他的不足和差错会减少。然而，尽管经理多次与他沟通，帮助他适应工作，可半年过后，他一切如昔，错误依然很多，工作效率也低。

后来经理才发现，这一切都是这位员工的知觉防御在作怪。由于对长远发展目标认识不足，他找不到并且不接受高效的工作方法，所以总是出错。知觉防御是人们保护自己的一种倾向，这种倾向使人比较容易注意观察能满足需要的那些事物，而对于与满足需要无关的事物，则视而不见、听而不闻。案例中的员工就是由于有太强的知觉防御，所以不能接受高效的工作方法，不能进入工作状态。

这种知觉防御在工作中会带来不良后果，有时还会导致过度自信，所以我们要主动意识到它的存在，并努力改正。

2. 凭经验猜测的东西，多是错的

经验永远不会对你做错误的引导；把你引导错的只是你自己的判断。而你的判断之所以对你产生误导的作用，乃是由于它根据那种并非借着实验而产生的经验来预料结果。

——达·芬奇

【微经济 7】 倒霉四次，第五次未必就转运

我们经常听人说：我接连四次都在倒霉，下回一定会转好。或者类似这样的说法：我不可能一直踩不到点上吧？当我们说这句话时，我们头脑中的计算是以“大数定律”为规则的。但是，事实常常不是我们所想象的样子。

大数定律，顾名思义只适用于样本数（行动次数等）非常庞大的时候，在样本量较小的时候是不适用的。我们还用重复抛硬币的例子说明。现在假设，我们已经连续四次抛出正面。有人说：“如果下一次再抛出正面，就是连续五次。连抛五次正面的几率是 $(1/2)^5=1/32$。所以，下一次抛出正面的几率只有 1/32。”

以上论证步骤犯了谬误。假如抛硬币公平，抛出反面的几率永远等于 0.5，不会增加或减少，抛出正面的几率同样永远等于 0.5。连续抛出五次正面的几率等于 1/32（0.03125），但这是指未抛出第一次之前。抛出四次正面之后，由于结果已知，不在计算之内。无论硬币抛出过多少次和结果如何，下一次抛出正面和反面的几率仍然相等。实际上，计算出 1/32 的几率是基于第一次抛出正反面机会均等的假设。

所以，那些认为之前抛出了多次正面，而这次抛出反面机会较大的判断，是靠不住的。经济学将人的这种行为现象称之为“赌徒谬误”，这很直接地提醒我们作决策的时候，需要更理性一些。

【微经济 8】 后此谬误，事情并非总是前因后果

当两件事情相继发生时，我们习惯性地认为前面发生的事情会是后面发生的事情的原因。在这个时候，我们就犯了经济学家常说的“后此谬误”。后

此谬误是一种错误的推理：A先于B发生，A就是B发生的原因。

而事实并不总是这样。我们常常混淆事物的先后顺序和因果关系。

美国经济学泰斗萨缪尔森在其经典教科书《经济学》中举过这样一个例子。在大萧条期间，有些人观察在经济扩张之前或之中价格水平和工资水平都会上升，于是认为拉高物价会是治疗大萧条的良方。事实并非如此。这种对策只会导致经济的低效率。而经济的真正复苏来自于二战期间美国军事支出的大幅度上升。

【微经济9】小心未必驶得万年船，过分谨慎扭曲事实

心理学家将100位被试分为两个小组，让他们彼此搭档，分别担任一个医学研究机构的研究人员和负责人。

然后心理学家向50位“研究人员”提出了这样一个问题：

假如你正在研究一种潜在的致癌物质。在阅读了大量实验数据和相关文献后，你初步判断这种潜在致癌物质实际致癌率为1%，不过还不能完全肯定。这时，研究机构的负责人要求你说出结论，你会告诉他这种潜在致癌物质的致癌率是多少呢？

之后，又要求剩余的50位“负责人”按照部下研究人员的回报，向公众宣布该物质的致癌率。在统计了所有被试的结果之后，心理学家发现，几乎所有的“研究人员”都没有根据研究结果汇报潜在致癌物质的致癌率，而是主观地提高了数据，汇报的平均值是3%，而“研究机构的负责人”也没有如“研究人员”所汇报的那样如实公布，而是在增加了主观判断之后，将致癌率提高至5%。

【微经济10】庄家的钱不是自己的？

有一对新婚夫妇到赌城拉斯维加斯度蜜月，他们在赌场里玩了几天，输掉了全部赌本。晚上，他们回到酒店准备休息，新郎发现桌上还有一枚价值5美元的筹码，贴着一张写着“17”的纸条。新郎认为这是神对他的某种启示，衣服都顾不得换，直接到了楼下的赌场里，将这枚筹码压在了数字17上。结果，他果真获得了胜利，赢得了175美元，接下来，他不断地将赌注下在17上，不断获得胜利，他的赌金也积累到了2.62亿美元。然而，当他

将全部赌资再次压到17上时，却输掉了所有的钱。于是，他悻悻然地回到房间。妻子问他情况，他只是淡淡地说："输了5美元。"

因为新郎不懂得收手，所以丢掉了2.62亿美元的巨额财富。然而，对于这笔财富的丢失，他只是轻描淡写地说"输了5美元"。这里的新郎似乎不那么厌恶损失，为什么呢？原因在于，新郎将赢来的钱归入到了一个不值钱的心理账户之中，认为那不是自己的钱，这就是"庄家的钱"效应。

【微经济11】 背后的沉默是忽悠成功的关键

你也许碰到过这样的情况：走在大街上，有人过来拉你做直销，这时，他会告诉你某某大人物放弃了优越的生活甚至是社会地位，来做直销来了；或者是，某某人做到团队领导现在是多么好，工资很高；却绝对不会跟你提到入不敷出的同行。失败者是没有发言权的，这叫做"沉默的证据"效应。有一个故事可以较好地说明它。

一个传教士拿着一幅画去传教，画左边画着一群人正在祈祷，右边画着他们在沉船事故中幸存下来了。画的寓意在于说明祈祷能保护人们不被淹死。有个没有信教的人问："那些祈祷后被淹死的人的画像在哪儿?"淹死的人没有发言权，所以传教士才能"忽悠"别人。

杂技师巴纳姆忽悠成功的关键是"具有每个人身上的一点东西"，他之所以很受欢迎，也是因为他的节目中包含了每个人都喜欢的成分。事实上，"沉默的证据"效应正是占星术、解梦、预言、占卜等迷信形成的方式。

【微经济12】 你投篮命中了，投资做对了吗

如果篮球队员投篮连续命中，球迷一般都相信球员"手感好"，下次投篮还会得分，于是下次还让这位球员投篮，但其实他不一定能得分。这种心理在心理学上称之为"热手效应"。

在投资领域，投资者对股价的预测也容易受到之前价格信息的影响，用直觉代替理性分析。

举个例子，一家新材料公司的股价长期上扬。在初期，投资者可能表现出"热手效应"的心态，认为股价的走势会持续，"买涨不买跌"；可一旦股价一直高位上扬，投资者又担心上涨空间越来越小，价格走势会下降，所以

卖出的倾向增强。

“热手效应”只是人们心理上产生的认知偏差，即认为一系列事件的结果都在某种程度上相关隐含了。但实际上却不然，所以，我们要及时意识到自己的这种心理偏差，回归理性，以期作出收益最大化的选择。

【微经济13】赌徒的口袋，总是空空

俗话讲：“十赌九输。”在赌场上只有庄家才能不输钱。这是由于赌徒们在赌博时受到情绪的影响。当赌徒赢钱时，他会认为自己赢得的是别人的钱（我们可以理解为他把这赢来的钱放入了“意外之财”的心理账户中），这时他就会增加赌资的投入，甘愿承担风险去赢更多；而在赌徒输钱时，他会认为输掉的是自己辛辛苦苦赚到的钱（我们可以把这输掉的钱归入“血汗钱”的心理账户中），感到心疼不已，于是不死心地要把这输掉的钱捞回来。

这就导致了一种不利结果：赢了钱会因为不太在意而输回去，而当输了的时候却又因为过度在乎而盲目冒险，最后总是会越输越多。这也印证了我们通常说的那句话：赌徒的口袋，总是空空。

塞勒教授对这两种现象分别作出这样的解释：第一种现象被称为“庄家的钱效应”，指人们在赢钱之后会甘愿冒更大的风险；第二种现象被称为“沉没成本谬误”，输掉的钱按经济学的术语被称为沉没成本，本不应该影响个人作出决策，而现实生活中人们往往持续受到沉没成本的影响，正所谓“放不下”。

3. 你的认识不一定正确

你的回忆、无意识中形成的认识以及你认为合理的东西也许只是认知偏差。

【微经济14】你的回忆不一定是真实的

请你先按我们的要求进行一个很简单的测验：闭上眼睛，回忆一个你经历过的愉快事情的场景（回忆完了之后才能接着阅读下面的话）。

这是心理学家迈尔斯设计的一个验证“记忆重建性”的实验，回忆完了之后，你需要回答这个问题：在你回忆的场景中，你看见自己了吗？据调查，很多人说看见了自己，甚至还能描述出服饰、表情。然而，一旦你在回忆中看见了自己，那就表明这个场景不是真实的，而是你重建的，因为你不可能在原始经历中看见自己。可见，所谓的记忆不一定是事实，这就是“记忆性偏差”。

记忆性偏差会使决策者产生错误的判断。因此，一个理性的决策者，要对有价值的重要事件、重要信息做详细记录，妥善保管，决策时从事件本身出发，着手判断，避免记忆偏差的影响。

【微经济 15】降低“归因偏差”对你做决策的影响

小王向同事借了 100 元钱，并承诺一个星期内偿还。然而，小王因为太忙忘了借钱一事，直到一个月后，同事主动提起这件事，小王才想起来，只能道歉说：“最近太忙了，忘了，我马上还你钱。”说完，赶快递给了同事 100 元钱。可是小王却不知道，就因为自己的疏忽，同事觉得小王生性如此，是个私心重、有借不愿还的人。

这就是心理学中的归因偏差，是指人们在对事情的发生原因进行判断时，系统地歪曲了事物的因果关系，从而作出不恰当的判断。案例中小王和同事对忘了还钱这件事所做的归因因为角度不同而出现了偏差。生活中，人们常常会将良好的行为或成功归因于自身，而将不良的行为或失败归因于外部情景或他人。人们作出某种判断时，或多或少都会产生某种偏差，不过，我们可以在不同的角度上充分考虑事物发生的可能性及原因，降低归因偏差对判断的影响。

【微经济 16】过度的合理化就是不合理

英国都铎王朝时期，统治者认为王室成员具有不可侵犯的尊严，他们不应该亲身接受惩罚。所以，每一个幼小的王室成员都会有一位“挨鞭子的男孩”替他们受罚。“挨鞭子的男孩”则会因此得到一笔奖赏。这个方法看似不错，但在当时民间却流传着一首童谣：“王室尊严不可侵犯，王子犯法有人代替，没有通过皮鞭抽打的脊梁啊，还有力量承担一个国家吗？”

王室成员为保全尊严而找人替罚，这是本末倒置的做法，犯了过度合理化的错误。过度合理化是指；每个人都力图为行为的合理性寻找证据，一旦证据足够了，便不会再继续找下去；而且人们总是先找那些显而易见的外在原因，如果外部原因足以解释，就不会再去寻找内部原因。

过度合理化往往会导致不合理、错误的行为，我们常常因过度合理化而忘记自己的真实愿望，强行地把外部某些因素作为行动的依据，最后失去正确的判断力和积极的行动能力。

【微经济 17】 走出可获得性误区

1973 年，卡尼曼和特韦尔斯基向 152 名被试提出了以下问题：

在一般的英文词汇中，以 K 作为首字母的单词与以 K 作为第三个字母的单词相比，哪一种单词的数量更多（不考虑字母数量少于三个的单词）？

有 105 名被试认为以 K 作为首字母的单词更多。然而，他们的回答是错误的，事实上，以 K 作为第三个字母的单词数量是以 K 作为首字母的单词数量的两倍。

这就是可获得性对人心理的影响，我们倾向于根据周围事物的鲜明性作出判断，这就陷入了可获得性误区。在对单词的回忆中，人们更容易想到的是以 K 为首字母的单词，而不是以 K 为第三个字母的单词，所以会错误估计这两类单词的相对比例。现实中并不明显、鲜明的东西很多，也并不是重大事件就更有代表性，我们不能忽略了客观事实。所以，在作出判断时，要意识到可获得性的影响，并注意分析自己是不是陷入了可获得性误区，以此来作出反向调整、理性决策。

【微经济 18】 别让货币蒙蔽了你的眼睛

德国波恩大学和美国加州理工学院的研究者通过大脑扫描仪发现，如果被试获得一笔金额很大的钱，腹内侧前额叶皮层部分区域的活动会异常明显。即使因为物价上涨，多出来的这部分钱并没有带来更大的购买力，情况依然如此。

这个实验说明的是，人们错误判断了货币的价值，会出现货币幻觉。货币幻觉是指人们只是对货币的名义价值作出反应，而忽视其实际购买力变化的一种心理错觉。比如，人们忽略了整体物价上涨，仅仅看见房价在上涨，进而认为房价涨幅大，夸大房地产的投资价值。

货币幻觉告诉我们，理财的时候不应该只把眼睛盯在哪种商品价格降或是升了，花的钱多了还是少了，而应仔细研究钱的购买力及其潜在价值等方面。只有这样，才能真正做到精打细算，花多少钱办多少事。否则，在“货币幻觉”的影响下，人们往往高兴地打着自己的如意算盘，却不知道已经损失了不少。

【微经济 19】开源节流并不是致富的关键

和信企业集团是台湾排名前五位的大集团，由和信企业集团会长辜振甫和台湾信托董事长辜濂松领军，二人是叔侄关系，于是外界都想知道他们谁更有钱。辜振甫的长子辜启允说：“钱放进辜振甫的口袋就出不来了，但是放进辜濂松的口袋就会不见了。”因为辜振甫赚的钱都存到银行，而辜濂松赚的钱都拿来投资。结果是，虽然两人年龄相差 17 岁，但侄子辜濂松的资产却遥遥领先于其叔辜振甫。

台湾叔侄俩的故事说明，一生能积累多少钱，不是取决于你赚了多少钱，而是取决于你如何理财。致富的关键在于理财，并非开源节流。有学者建议将个人投资组合设置为“两大一小”，即大部分的资产以房地产、担保理财和股票的形式投资，小部分的钱存在金融机构以备日常生活所需。这也许是个不错的理财方法。

【微经济 20】你应该降低竞标价格

一家石油公司即将破产，被迫出售其拥有的一些准备用于将来的石油开发的土地。艾克梅公司对其中的一小块土地感兴趣。目前，预计有 3 家公司会对这一小块土地竞标，艾克梅公司将出价 1 亿美元。但是，一旦有人出价到 1 亿美元，将有另外 7 家公司参与角逐，所以总共会有 10 家公司竞标。假设你的朋友是艾克梅石油公司的主席，他现在向你咨询是应该提高还是降低他的出价，你会怎样回答？

这里，经济学的理性报价理论会建议，当竞标者的人数增加时应该降低报价。但事实上是，很多人会提高报价，因为不提高报价就得不到那块土地。

这里涉及经济学上所说的“赢者的诅咒”。案例中，只要每个人的竞价还有一点利润空间，他就不会放弃竞标。最后，对这块土地的存油量估计最乐观的人将会是胜出者，而他的报价很可能高于这块土地的真实价格，这就是“赢者的诅咒”。

【微经济 21】 有形的节俭带来无形的浪费

小李最近炒股票赔得厉害，却仍不得不请一帮朋友吃饭，只因为他们手上有个项目，小李指望着他们多帮自己一下，希望从这个项目上多挣些钱。在饭店里，为了“不跌份”，小李和妻子点了很多好菜，朋友们却没动几筷子就走了，看着一桌子的菜，妻子决定打包带回家。

小李和妻子的有形节俭实际上带来了无形的浪费，打包带回的菜必然要放在冰箱里保存，这就要花电费，而热菜又需煤气费。他们其实可以少点些菜，这样就不用打包了。大家都知道职场上的饭局是应付，谁也吃不了多少，点菜的时候应该根据客人身份、人数多少点一两个高档菜，配上几个普通的家常菜就可以了，不失档次而且不会浪费很多。

【微经济 22】 有钱理财，没钱更要理财

小张和小李是邻居，年龄相当，都是毕业工作满一年，小张本科毕业，月薪大概在 2 600 元，小李专科毕业，月薪 1 600 元左右。按常理说，小张每月比小李多收入 1 000 元，应该比小李更具有理财的条件。但是半年后，小李一下子存下了 4 000 元，小张却只存下了不到 300 元。原来，小张工资虽高，却对平时的消费没有计划，喜欢什么就买什么。而小李的一切消费支出都控制在计划以内，所以每月都能结余约 700 元。

生活中，挣得少的人总是抱怨自己挣得少，总是抱怨自己无财可理；而挣得多的人又花得多，也抱怨自己无财可理。正所谓“你不理财，财不理你”，理财很公平，一旦你善于理财，它就会帮你打下享受生活的经济基础。要想成为富人，就需像小李一样，有规划地消费。这正是：有钱理财，没钱更要理财。

【微经济 23】 谷贱伤农，降价不一定能增加收益

农民的工作是个看天吃饭的活儿，很多不确定的因素影响着当年的收成。

虽说人人都盼丰收年，但有时候大丰收对于农民来说不见得是件好事，“谷贱伤农”说的就是这个道理。

经济学中有一个概念叫“需求价格弹性”，是指需求量对价格变动的反应程度，即需求量变化的百分比除以价格变化的百分比。一般来说，人们对农产品的需求是缺乏弹性的，即它的需求价格弹性小于 1，也就是说粮食的需求量波动受价格波动的影响很小。所以大丰收时由于产量的增加，导致粮食价格下跌，但这并没有带来粮食销量的大幅度上升。如果我们把农民的收入看做粮食的价格与销量的乘积，实际上大丰收的年份农民的收入是下降的。

对其他和农产品相似的生活必需品来说，若是商家以降价来促销，那么其总收益就会下降；相反，对于奢侈品这类需求价格弹性大的商品，商家若是想增加总收益，那么降价就是一种很好的促销方式。

【微经济 24】 信息不是越多越好

心理学家曾经做过一个实验：

让赌马客从 88 个他们认为对计算胜率有用的变量中作出选择，比如以前赛马的成绩表、马匹的健康指数、马的高矮等。心理学家先给赌马客 10 个最有用的变量，让他们作出预测；接着，又给他们另外 10 个变量，让他们再次预测。结果显示，资讯的增加并未增强预测的准确性，但赌马客对预测的信心却大大增加。

这种现象被称为“资讯幻觉”，即错误地认为资讯越多把握越大。其实，对于决策而言，我们只需要主要的资讯即可，有时资讯越多只会增加决策的干扰因素。一些基金经理人、股评员以及投资者总认为自己掌握的信息丰富，认为自己有能力跑赢大盘。其实不然，自信水平与投资成功与否并无直接关系。资讯幻觉也是过度自信产生的根源之一。

4. 偏见让我们更加自负

> 人们喜欢带着极端的偏见在不着边际的自由中使自己得到满足，这就是他们的思想本质。
>
> ——培根

【微经济25】丢掉偏见，守得云开见日明

有不少人认为，坐火车要比坐飞机更安全。

研究数据证明飞机发生事故的概率要远远低于火车等其他交通工具发生事故的概率。只不过是飞机一旦发生事故，乘客生还的概率就变得非常低而已。根据国家统计局的数据，我国每年死于道路交通事故的人数约为10万人！但人们还是照样乘车出行。坐飞机不安全这种偏见主要是因媒体报道造成的假象而成，时不时在电视报纸上出现的飞机失事惨剧无形中让人觉得坠机事故发生率很高。

我们很容易被各种各样的假象所迷惑。要想拨开迷雾重见天日，就要克服我们自己的偏见，仔细分析数据、现象背后的故事，这样我们才能作出正确的抉择。

【微经济26】合算交易真的合算吗?

小王和妻子一起超市，打算买一套新的羽绒被，他们知道超市里有三款羽绒被：普通双人被、豪华双人被、超大号豪华双人被。两人之前盘算过，从厚度和宽度来看，豪华双人被是最合适的。结果到了超市，他们发现羽绒被正在促销，三款价格都是399元，而它们的原价却分别是459元、569元、599元，夫妻两人一看这样，立马打消了买豪华双人被的想法，既然都是399元，为什么不买原价最高的呢？于是他们买了超大号豪华双人被，也暗自为自己的合算交易感到高兴。可是，过了一个月，两人却后悔了：这个被子太大，用起来不方便，洗起来更麻烦。

其实，小王夫妻之所以没有买最适合自己的，原因在于合算交易偏见。做购买决策时，我们总是会盘算交易效用，即商品的参考价格和商品的实际价格的差额的效用。通常差额越大，我们认为效用越高，这就是合算交易偏见。理性的人其实应该在此基础上选择最适合自己的，不合适的东西买了也是浪费。

【微经济27】用证伪检验排除你的证实偏见

如果你是刘翔的粉丝，那么，每次比赛你一定会好好观看，也一定会对

刘翔自信满满。这样，即使某一场比赛刘翔失手输了，你也能找到各种各样为他辩护的理由，坚持认为他在下一场比赛的表现一定非常出色。这种很普遍的行为其实就是证实偏见，所谓证实偏见是指人们总是倾向于寻找和自己一致的意见和证据。也就是说，人们大多都会为自己的行为找理由，不关注也不搜集和自己观点相抵触的证据。

证实偏见会让我们过于自信。所以，在作出判断时，要尽量避免证实偏见，多做做证伪检验，也就是多关注一下和自己观点相异的证据事实。比如，你想买一辆某种牌子的汽车，除了要向朋友了解它的优越性、到4S店进一步体验以外，你还应该问一问那些买得起它但并没买的人，了解该车的不足，更好地作出选择。

【微经济28】“我早就知道……”，那只是后视偏见

龟兔赛跑之后，兔子和乌龟成了朋友，他们决定一起去看远处森林里的表演。他们走了一会儿之后碰到了一条岔路，但都不知道到底该往哪边走。乌龟提议走左边，于是他们沿左边那条路走了。走了没多久，他们就发现前面有座山挡住了去路，这才知道走错了。哪知兔子突然说道：“我早就知道这条路不对了，看那边的森林就觉得不对嘛。”

兔子的这种偏见就叫做后视偏见，生活中我们也经常犯这种错误。比如人们总会说：“你那只股票跌了吧，我早知道会是这样的。”而实际上，他当时也许并不认为这只股票会跌，这种看法仅仅是马后炮而已。事情发生以后，有后视偏见的人总觉得自己事前的预测就是对的，很难从错误中吸取教训。要克服后视偏见的影响，我们可以在事前就写下自己对结果的预测以及这么预测的原因，事情发生后再将自己的想法和当时写下的进行对比，作出总结。

【微经济29】你很正确吗？也许只是自证偏见

在婚姻生活中，丈夫认为自己对家庭的贡献大，而妻子更觉得自己操劳，也认为自己对家庭贡献大，并且都为自己的观点寻找证据，无视对方的诉求。双方一味埋怨对方不支持自己，结果是家庭矛盾没有得到有效的调和，婚姻亮起了红灯。同样的，婆媳关系恶化可能因此产生。即使错误已经发生，人们仍然努力寻找证据证明自己“没有错”，这就是我们的自证偏见。

张老头的埋怨

老伴提议改蓝号时，张老头并没有反对，事后没中奖他又说自己早就知道这个号码不对，这就是后视偏见，也就是“马后炮”、“事后诸葛亮”。事情发生以后，有后视偏见的人总觉得自己事前的预测就是对的，很难从错误中吸取教训。

自证偏见的一个重要表现就是努力证明自己是对的，而不管客观事实究竟是怎样。它导致的明显的弊端就是：当只看到自己好的一面而无视自己不好的一面时，我们对事物的判断就会在一定程度上偏离事实。

避免自证偏见的一个方法是培养从反面求证的思考习惯。在确定某一观点之后，给自己一段时间，收集反面资料、反对意见，并认真考虑不同的观点。只有这样，我们才能客观地评价自己或他人，才能看清事物的真相，作出正确的决策。

第9章

用知识改变无奈的现实

【风险和不确定性】现实生活中充满了不确定性因素，因而人们的任何经济活动都存在风险。在不确定性面前，你采取的防范风险的措施是否正确呢？正如欧文·费雪所说，风险和知识呈反向变化。掌握了概率和正确的风险控制措施，我们就能战胜不确定性。

1. 风险下的选择

> 我们就像站台上的乘客，怕赶不上车，又怕搭错车，一旦上了一辆车就不能回头……如果一个成功案子溜走，你会觉得特别遗憾；对一个项目犹豫不决，同行迅速出手，你喘不过气来；当你做了，别人没有做，你又会怀疑自己对不对……
>
> ——王功权

【微经济 1】 利益面前，我们都是见好就收

现在如果让你从下列两种情况中做选择，你会怎么选择呢？

A. 你一定会得到 100 元；

B. 你有 80％的概率得到 150 元，20％的概率得到 0 元。

如果你是理性决策者，那么你会选择 B，因为 B 的期望值（150×80％＋0×20％＝120）要高于 A（100×100％＝100）。而事实上，大部分人会选择 A。因为惧怕损失，在有确定的收益时，人们更倾向于落袋为安。正如俗话所说："两鸟在林，不如一鸟在手。"

这种现象被称为"确定性效应"（由丹尼尔·卡纳曼和阿莫斯·特沃斯基在"前景理论"中提出），即在确定的好处和"赌一把"之间大部分人会选择确定的好处，用专业术语解释即大部分人在收益面前是风险厌恶的。用一个词语概括就是"见好就收"。在股票市场上，这一效应就表现为，多数人都会倾向于购买红利虽小但肯定能得到红利的那种股票，而不愿意购买红利虽大却仅具有得到红利的可能性的那种股票。

【微经济 2】 损失面前，人人都是冒险家

与风险厌恶对立的是风险偏好。那么人在什么情况下会更偏好风险呢？同样是丹尼尔·卡纳曼和阿莫斯·特沃斯基在"前景理论"中给出了答案。

他们认为，在面临确定的风险和可能性非常低的收益之间，更多人倾向于赌一把。这被称为"反射效应"。

把前面你面对的选择稍微修改一下：

A. 你一定会损失100元；

B. 你有80%的概率损失150元，20%的概率损失0元。

在这种情况下大多数人作出的选择依然是不理性的，他们会选择损失期望值更大的B（－150×0.8＝－120）。处于亏损状态时，大多数人会极不甘心，反而相信“富贵险中求”，宁愿承受更大的风险来赌一把。用“反射效应”同样可以解释在股票下跌时大部分人选择被“套牢”而不是选择“割肉”。实际上，人们应该理性抉择，可以冒险，但一定要把风险控制在自己能够承受的范围内，不宜为了小损失而冒大风险。

【微经济3】 通胀预期下，你还会不买楼吗

如果你有400万元的存款，你认为买一栋楼来做投资比较合适。

现有一栋楼标价400万元，根据市场行情预测，在未来一年涨价20%的可能性为两成，降价20%的可能性为八成。你是否会买这栋楼？

显而易见，大部分人都不会购买。此时如果加入另一个条件，人们的选择就会发生变化。

最近物价水平不断上涨，如果你把400万元存在银行不动，在未来一年里贬值10%的可能性为九成。

知道了这个消息，你可能会倾向于去购买那400万元的房子，为什么呢？正如房地产公司打出的广告——“××楼盘，抵御资金缩水”所提到的，通胀正在发生，你开始害怕你存在银行的钱贬值，你害怕损失。于是，在损失面前，我们又变成了一个“伟大的”冒险家，甘愿赌一把。

【微经济4】 你永远不能真正知道上市公司的未来价值

有一个笑话：股指一路下跌，跌到地板的时候大家都以为见底了，谁知地板下面还有地下室，地下室下面还有地狱。当跌到第18层地狱时，有位投资者问阎罗王：“这回可是真正见底了？”岂料阎罗王哈哈大笑说：“当然没有，经过不断的再融资，地狱已经被扩建到36层了！”

传统的经济学和金融理论认为，个体是完全理性的，在投资活动中也是如此，所以在进行投资决策时，人们会进行理性的分析。若股票价格低于上市公司的内在价值，投资者就买入股票；若股票价格高于上市公司的内在价

36层地狱

价格长期严重偏离其内在价值的情况，是投资领域的一个特征，主要原因是上市公司未来的价值是由许多不确定性因素决定的，本身具有不确定性。这种不确定性又会引发投资者心理上的非理性因素，市场的暴涨和崩盘现象就是由投资者共同的非理性投机造成的。

值，投资者就卖出股票。证券市场上也流行着一种投资方式，那就是专门寻找价格被低估的证券。

我们真的能找对价格被低估的证券吗？事实并非如此。价格长期严重偏离其内在价值的情况，是投资领域的一大特征，主要原因是上市公司未来的价值是由许多不确定性因素决定的，本身具有不确定性。这种不确定性又会引发投资者心理上的非理性因素，市场的暴涨和崩盘现象就是由投资者共同的非理性投机造成的。

【微经济5】俄罗斯轮盘赌一样的金融衍生品市场

有一种赌博游戏叫做俄罗斯轮盘赌，本是一战中悲观的沙俄士兵用来排除苦闷的一种残酷游戏。其规则是：在左轮手枪的六个弹槽中放入一颗或多颗子弹，任意旋转转轮之后关上转轮。游戏的参加者轮流把手枪对着自己的头扣动扳机，中枪的退出，怯场的也为输，最后坚持下来的就是胜者，旁观者对参加者的生命下注。

这是一个高风险的赌博游戏，一般人都不会选择参加。而经济生活中的金融衍生品市场，诸如认沽权证、外汇保证金交易都具有高风险，有些高风险投资行为甚至也被包装成低风险。若是你足够理性，就如不参加俄罗斯轮盘赌一样，也不要随意投资。

【微经济6】投资不可赌，能赌的是投机

拉斯维加斯有很多关于赌徒的故事，其中一个是这么说的：一位旅客在拉斯维加斯度假，后来到赌场玩21点。在一场赌局中，他手中的牌已经显示为17点，却还向庄家要牌。这时所有人都吃惊地看着他，连庄家也怀疑他是否真的还要牌。这位旅客毫不迟疑地说自己还要牌，于是，庄家又给他发了一张牌。所有人都屏住呼吸看他翻牌，结果，这张牌是4点。于是，所有人都觉得他的行为很明智。

这并不是一个很明智的行为，只不过是碰巧获得了较好的结果而已。大多数投资者都会产生例子中旅客的那种赌博思维，赌博思维会导致投资行为变得以运气、机遇为基础，投资者会凭借侥幸心理进行投资，寄希望于短时期内获得暴利。在投资市场中，怀有这种心态非常不利，会产生很大的风险。

投资必须摒弃赌博思维，坚持理性判断，审慎投资。

【微经济7】恋人提出分手，是否应该尽力挽救

有一女子，对一经济学家讲了自己的爱情故事，经济学家用经济学的眼光对她的情感问题进行了分析。

女子说和男朋友恋爱好几年了，自己还工作挣钱以供男朋友读研，没想到三年研究生读完后，男朋友却另有新欢。经济学家告诉女子，男人之所以花心，原因是边际效用递减，而已婚女人之所以少有花心的，不过是因为已婚女子红杏出墙的成本远远大于收益。而该女子在自己男朋友身上投资时忽略了“收益越高，风险越大”这一原则，若想控制风险，就应该领结婚证。当然当务之急是尽力挽救，因为女子对这件事感到痛不欲生。

正如现在的钱比未来的钱更值钱一样，现在的痛苦也比未来的痛苦更痛苦。因为未来的不确定性太多，也许未来没有痛苦，也许更加痛苦，但现在的痛苦是实实在在的；所以，对于男朋友的离开，该女子应该尽力挽救。

【微经济8】钱少也不能“放在一个篮子里”

2000年初，全球网络、电信、科技股发生了有史以来最大最不可思议的崩盘，不少上市公司的股价下跌都超过95%以上，雅虎、亚马逊的股票在那时候也跌得一文不值。当时，谁把资金集中在这些板块上，都受不了那么大的损失。这就是说，投资理财要走多元化的道路，也就是“不要把鸡蛋放在一个篮子里”。

西班牙人塞万提斯早在文艺复兴时期就在《堂吉诃德》中提出：“不要把鸡蛋放在一个篮子里”。大家都熟知这一规则，但一般人会认为只有资产雄厚的人才需要进行资产配置，如果钱本来不多，就索性赌一把，无须再配置了。其实不然，资产配置的目的就是规避投资风险，在可接受的风险范围内获取最高收益；其方法是通过确定投资组合中不同资产的类别及比例，进行风险抵消，获得平均收益。所以，钱少更要进行资产配置。

【微经济9】胆小不适合做投资

加州理工学院经济学家柯林·卡曼若做过一项实验，实验要求参与者预

测从一副纸牌里抽出的下一张牌是红色还是黑色。第一个实验，参与者都清楚地知道整副牌中红牌与黑牌的数量，可以计算出两种颜色在下一次出现的概率。在第二个实验中，参与者只知道整副牌的总牌数。很显然，两个实验的差别在于，第二个实验中人们对将要发生的事件了解得很少，这更接近现实。

杏仁核和前额叶底部是与人类对恐惧等情绪的控制和记忆有关的两个区域。实验结果显示，第二个实验参与者的上述两个区域表现得更活跃。据卡曼若的总结，在遇到不明确的情况时，人们会拒绝具有危险性的提议，此时，人们的理智战胜了情感。基于实验和以上论述，我们也可以说："胆小、容易恐惧的人不适合做投资。"

这句话从另一方面来说就是：在投资的时候，一定要清楚自身的风险承受能力，尽量将风险控制在可以承受的范围以内，对于高风险投资，一定要谨慎。

2. 逃避损失可能导致更大的损失

> 一个人如果不能平静地面对损失，就很可能参与他本来不会接受的赌博。
>
> ——卡尼曼 & 特韦斯基

【微经济10】 禀赋效应，你的杯子值多少钱

行为经济学家理查德·泰勒教授曾经做过这样一个实验：

泰勒教授先准备了几十个杯子，在第一组学生的课堂上，教授问学生愿意支付多少钱买一个这种杯子（给定了0.5～9.5美元的选择区间），第一组的学生的平均支付额是3美元。在第二组的课堂上，教授先将同样的杯子送给每个人，然后想买回杯子，他让学生们写下自己愿意以什么价格卖出杯子（给定与第一组一样的选择区间）。结果显示，学生们写出的平均价格涨到了7美元。

这个实验说明，在已经拥有杯子的情况下，学生们对杯子的评价要比他

未拥有时高得多。相对于获得，人们非常不乐意放弃已经属于他们的东西。这种现象被泰勒称为禀赋效应，也可以用成语概括为“敝帚自珍”。

实际上禀赋效应是损失厌恶效应的一个表现形式，人们在厌恶损失、害怕交换自己的物品后会产生损失、不愿意换出自己已有物品的同时，就高估了该物品。

【微经济 11】免费的诱惑，是免费还是花更多的钱

亚马逊曾经推出购书超过某一金额免运费的促销手段，例如，如果某人在一笔交易中购书的总金额超过 30 美元，那么该笔交易就免运费了。这一促销手段取得了很好的效果，使图书销量大幅度上涨。原因在于，有些消费者可能本不打算买另外一本书，但被“免运费”所诱惑，所以愿意再买一本书来换取免费的邮寄。但是，亚马逊法国分部实行的优惠不是免运费，而是只收很低（几十美分）的运费，但他们的销量并没有增加；而在亚马逊总部指示法国分部改变后，法国的销售和其他地方的一样大幅度上涨。

邮费是免了，但你是不是因为多买了一本原来不打算买的书而花更多的钱了呢？人们之所以会偏向于选择免费，是因为人类本能地惧怕损失，免费的真正诱惑力在于不会给你带来损失，它与惧怕损失的心理联系在一起。

所以，下次遇到免费的诱惑时，我们可以理性地分析一下自己是否真的需要额外的产品，以免后悔。

【微经济 12】平常心造就不平常的成就

曾经有一个赌徒，在用瓦片做赌注时，其赌技格外高超，让人叹服；用玉钩做赌注的时候，他的发挥就有点失常了；而把赌注换做贵重的金银器时，他的水平可谓一落千丈。

这是庄子讲的一则寓言。最后庄子总结道：“凡外重者内拙。”意思是说，过分看重外物的人，内心的思想一定笨拙不堪。

有些人的心理素质不够好，常常体现在关键时刻发挥失常。足球比赛中最吸引人的是点球大战。而在点球大战中常常出现一种奇怪的状况：平常能力非常突出的射手却意外射失了点球，导致球队无法取胜。这种球员其实在点球练习中可能成绩非常好，正是对荣誉的渴求让他心理负担过重，最后导

致发挥失常。所以，在关键时候抱有一颗平常心很重要，过分考虑结果的得失常常让人求而不得。新球王梅西进球频频，却很少有非常疯狂的庆祝动作。除了其高超球技外，正因他把进球看成一件“稀松平常”的事情，所以才能不断打破各种纪录，达到更高的高度。

【微经济13】 拒绝“近视”，远离痛苦

两人在路上聊天。一人说：“哎呀，我买的股票今天又跌了。”另一人答：“是啊，我的也跌了，昨天还涨了一点儿，今天跌了很多啊。”生活中，我们几乎天天听到这样的对话。很多投资者坚持天天查看自己的投资账户，这原本没错；可是，考虑到“近视损失规避”，这样的行为就有失理性。

如果人们频繁地查看自己的投资账户，无意识之中，人们就会倾向于为每天的盈亏情况设置一个心理账户。相比每月账户或每年账户，这个每日账户上会更加频繁地出现亏损。此外，由于与收益相比，人们对相同数量的损失会敏感得多，因此虽然股票账户每天都有涨有跌，但人们仍然会因为每日的损失而更加频繁地承受痛苦，导致最终抛掉股票。这就是“近视损失规避”，有时候，人们会为了规避这种频繁的损失而放弃本可以获利丰厚的投资。

因此，如果你看准了一只股票的潜力，就尽量做长线投资，控制自己查看股价的次数，不要过分纠结于每日的股价波动。

【微经济14】 安于现状让你收益变小

行为经济学家做过这样一个调查：有一位很认真的投资者，面对亲人去世后留给他的一笔遗产，他有四种可选择的投资方案，但只能选择一种。一是A公司的股票；二是B公司的股票；三是国库券，固定的9%的利率；四是地方政府发行的利率为6%的免税债券。A公司和B公司股票的收益都比国库券和政府债券大很多，同时风险也大很多，其中，B公司的收益和风险又比A公司的更大。如果你是这位投资者，你会怎么选择？如果遗产里面本身已经有一部分投资在某个方案上，而总金额不变，你又会怎么选择？

调查结果显示，人们对两种情况的决策并不相同，在已有的投资产品上继续追加投资的人，比一开始没有这种投资产品但决定投资该产品的人比例

更高。这就是人们倾向于安于现状的行为表现。但实际上，作为理性的人，投资者应该意识到自己可能对失去看得过重，并更合理地规划自己的投资。

【微经济 15】不要紧紧攥住赔钱货不放

美国加州大学的一位金融学教授曾研究过几千名投资人的交易记录。他发现，在多数情况下，那些投资者出售的股票是那些价格正在上涨的股票，而长期持有的股票却是价格下跌的股票。此外，还有调查显示，那些卖掉的股票，在卖掉 12 个月内的涨幅比未卖掉的股票的涨幅高出了 3.4％。也就是说，投资人卖掉的股票往往是应该继续持有的，而持有的股票则应该被卖出。

究其原因，一般人的心理是这样的：卖掉赔钱的股票，赔钱就成了事实，也就相当于承认自己当初的选择是错误的，人们会因此懊悔不已；而卖掉赚钱的股票就是盈利了，虽然不多，但会带来一种决策正确的自豪感。经济学家赫什·谢夫林将决策者的这种行为的原因归为“寻求自豪的动机”，这种急于卖出赚钱的投资而保留赔钱的投资的行为被谢林夫称为“卖出效应”。

3. 学会不后悔

口说笔写的哀痛文字，最令人伤心断肠的，莫过于“早知如此”！

——约翰·惠特曼

【微经济 16】不作为时后悔，作为了反而更后悔

人要做成一件事，往往要付出行动，作出改变，坐享其成是不行的。然而有的时候行动不如不行动，因为行动和改变的结果往往让人觉得懊悔、不如当初那样。

我们假设一个人下班回家一直走一条固定的线路。突然有一天他改走另一条线路，而恰恰是这天他被车撞倒了。这个人卧在病床上很可能后悔地说：“早知道如此我还不如走老路了呢。”其实，在这两条线路上他被车撞倒的概率可能是一样的。不过是这种改变带来了意外的挫折感，让人觉得作出了错

误的选择。

人们常说“某某事你不做后悔，做了更后悔”也是这个道理。理查德·塞勒教授把这称为“后悔理论”。后悔理论反映了投资者在投资中常有的心态。比如股票持有者在股票一路上涨的过程中抛售股票，而股票抛售后股价继续上涨，投资者会后悔没有再持有股票一段时间。

【微经济 17】钱少些不要紧，重要的是不后悔

理查德·泰勒做过这样一个测试：

A、B 两人分别在两家电影院排队买票，A 到了售票口，恰好是这家影院的第 10 000 名顾客，因此得到了 1 000 元奖金；B 到了售票口，恰好是所在的这家影院的第 100 001 顾客，得到了 1 200 元奖金，而在他前面的那一位，因为恰好是第 100 000 名顾客，所以得到了 10 000 元奖金，

你选择当 A 还是当 B？结果显示，很多人都愿意当 A，尽管 B 拿到了更多的钱，理由就是不想感到懊悔。大家觉得，和 10 000 元失之交臂太让人痛心了，当 A 虽然少得到 200 元，可是不会觉得懊悔，B 多得到的 200 元钱完全不能抵消懊悔的痛苦。

泰勒把这种心理称为懊悔规避，人们会尽量规避那些可能让自己后悔的事。这也就是股票下跌、房子贬值时人们犹豫不决的原因。懊悔规避也可以解释为什么我们在消费或其他决策上固守现状，只是怕自己后悔而已。

【微经济 18】最危险的决策莫过于原地不动

《聊斋志异》里面有一则《牧童捉小狼》的故事，说的是有两个牧童在山上的狼窝里发现两只小狼，并用小狼来惩罚大狼。两个牧童各抱了一只小狼爬上了相距数十步的大树，大狼回来后，两人轮流欺负小狼，使小狼号叫。开始，大狼听见左边的小狼号叫就愤怒地跑到树下又抓又挠；但右边的小狼又叫了，于是大狼又跑到右边的树下狂叫撕抓。如此往复，大狼一会儿跑到左边一会儿跑到右边，还不停地愤怒号叫，最后累死在了两树之间。大狼之所以被愚弄，是因为面临抉择时它不能辨清情况，并且犹豫不决。其实它完全可以先守住一棵树，全力营救其中一只小狼。

牧童戏老狼

老狼之所以被愚弄，是因为面临抉择时它不能辨清情况，并肯犹豫不决。生活中的我们也常常像老狼一样不知该如何选择，但是正如英特尔董事长安迪·葛洛夫所说——最危险的决策莫过于原地不动，决策的关键在于果断。

生活中的我们也常常如大狼一样害怕损失、害怕后悔，故不知该如何选择，犹豫不决。但是正如英特尔前董事长安迪·葛洛夫所说——最危险的决策莫过于原地不动，决策的关键在于果断。因为在没有全力步入新方向之前，没有人可以准确地看清前行的道路。

【微经济19】不要后悔，勇敢承认错误

2001年11月17日，TCL总裁李东生在“企业家理论与企业成长国际研讨会”上反思TCL六年成长中的“两大失误、五大不足”。两大失误是指：一，多元化准备不足，战线拉得过长，真正形成有竞争力的行业不多；二，国内通信产业的发展机遇没有抓住。五大不足分别是综合规模实力不足、研发能力不足、国际经营管理经验不足、营销能力不足、企业体制发展不足。此后不到两年，TCL就成为了中国移动通信制造商中位居前列的本土企业。这靠的就是勇于承认自己的错误并对症下药。

在营救驻伊朗美国大使馆人质的计划失败后，当时美国总统吉米·卡特即在电视里郑重声明：“一切责任在我。”仅仅因为这句话，卡特的支持率骤然上升了10%以上。吉米·卡特的故事说明，只要及时主动地承认错误，坦诚和负责任的态度往往能够为我们赢来更多的支持。

大多数情况下，我们犯错后都会沉溺于后悔状态中，错过改正的机会。承认错误是一个人最大的力量源泉，正视错误的人会得到错误以外的东西，这就是“特里法则”所阐述的内容。

【微经济20】投资中，要学会对以后的事“置若罔闻”

原上海滩名医陈纯仁在《银元时代生活史》中记载了这样的故事：清末古董家丁福保因为买卖地皮而一下赚了很多钱，陈纯仁也想如此投资，于是请教丁公，并花5 200块银元买了愚园路的一块地。3年后，有人向陈纯仁开价30 000块银元买此地。陈纯仁有意出售，又怕自己后悔，于是向丁公请教。丁公告诉他：“短期来说，你卖掉并没错，但以后的涨跌你不要再放在心上。”多年以后，那块地已经涨到10万元以上，陈纯仁也觉得稍微有些遗憾。

丁福保的话对投资者可谓有莫大的启发，谁也无法准确预测以后的事情，世间也没有后悔药，这就需要投资者有一个很好的心态。只要从当前来看，

所做的决策正确，并且收益较好，就按当前决策执行；对以后的事“置若罔闻”，就不至于产生太多的后悔。

4. 自然界不变的概率法则

运用概率以及风险控制手段，人类就能趋吉避凶，天威不再难测，人类的未来得以摆脱诸神恣意的捉弄。

——彼得·伯恩斯坦

【微经济 21】 诈骗短信你不信，为什么他还总是发给你？

你是否常常收到汇款、办证的诈骗短信？即使你不做任何回应，骗子还是不断地发短信给你。你可能会想：“骗子是不是傻？没有用的事情反复做。”事实上，你可能是骗子发短信对象中的成千上万人之一。哪怕一个人受骗的概率非常低，当对象数量非常庞大时，就总会有人被骗。我们解释这种现象所用到的概念正是统计学中非常经典的“大数法则”，也被称为“大数定律”。

大数法则是指在随机试验中，每次出现的结果不同，但是大量重复试验出现的结果的平均值却几乎总是接近于某个确定的值。原因是在大量的观察试验中，因个别的、偶然的因素影响而产生的差异将会相互抵消，从而使现象的必然规律性显示出来。用经典的投硬币实验来说明。假设硬币是质地均匀的，如果你抛三次硬币，那么这三次可能都正面向上。而当你投的次数成百上千时，硬币正面向上的概率就是50％。

【微经济 22】 大数法则，人不胜天

在中国实施计划生育政策以前，有些夫妇可能会生四五个孩子。而这四五个孩子，往往是由一个男孩和他的若干个姐姐构成，或是一个女孩加上数个哥哥。了解简单的生物学常识的人都知道，生男孩和生女孩的可能性基本上是一样的，发生的概率都是1/2。可有些夫妇想要个男孩或女孩，上天仿佛在跟他们开玩笑。想要男孩的夫妇连着生了几个女孩，想要女孩的夫妇也可能不是那么容易就能遂得了心愿。

实际上，生男孩和生女孩概率相同的结论是建立在非常大的样本之上的。而每对夫妇生男孩还是生女孩，并不是单单这个概率就能决定的。即使连生五个男孩的概率是1/2的5次方即1/32，也是会发生的。

【微经济23】“股神”是如何炼成的

让我们看看所谓的“股神”是如何炼成的。

第一周，股神给1 000名客户每人发送一条短信，预测一只股票的涨跌。其中500条预测涨，另外500条预测跌。

第二周，股神把发送短信的对象锁定为上一周收到正确预测短信的500人。同样的方法，发送250条预测涨和250条预测跌的短信。至于谁收到什么样的短信，完全是随机的。

第三周，股神把发送短信的对象限定为上一周收到正确预测短信的250人。按照前两周的方法继续发送短信。

……

到最后，在一小群人眼中，股神的每一次预测都是正确的。他们对他推崇至极，认为股神是一个不可超越的神话。而对半途不再收到短信的人们，股神不过是金盆洗手、退出江湖而已。

同样的道理，社会上有不少所谓的成功人士，其实比常人多的可能只是那么一点点运气，他们却用各种巧妙的方式包装自己，向公众兜售他们的“成功秘籍”。

【微经济24】用理性去下注，狙击“黑天鹅”

下面是一个不对称的赌局，你会选择参与哪一个？

A. 赌101把，你有100次可能会赢1元，在这101次中有1次可能会输掉1 000元。

B. 赌101把，你有100次可能会输1元，在这101次中有1次可能会赢1 000元。

按照传统经济学的方法，我们首先要计算两个赌局的期望收益：A的期望收益为－900元，B的期望收益则为900元。

很显然，理性的人应该选择赌局B。但实际上，根据调查，很多人会选择 A。原因是：连续赢 100 次，虽然每次只赢 1 元，但连续的愉快总和超过了一次赢 1 000 元。同时，连续输 100 次，每次只输 1 元所带来的连续的痛苦总和也超过了一次输 1 000 元。赌局 A 中隐藏着负面的“黑天鹅”，赌局 B 中则隐藏着正面的“黑天鹅”。“黑天鹅”是一个比喻，指的是不可预测的重大稀有事件，它在预料之外却又能改变一切。

要想成为一个成功的投资者，就要了解并避开心理盲区，用理性去选择。在成功概率高时，要及时投资并可以多投资；在成功概率低时，又要排除外界干扰，静下心来分析可能情况，勇敢狙击“黑天鹅”。

【微经济 25】 人们总是会夸大彩票中奖的概率

客观上讲，彩票中奖和发生意外获得保险理赔都是小概率事件。什么叫做小概率事件呢？通俗地说就是不太可能发生的事件，一般客观概率低于 5%。但人们主观上会夸大小概率事件发生的概率。而在这种情况下，人们的风险厌恶和风险寻求会在面对收益和损失时发生转变。在面对小概率收益时，人们会变成风险寻求者；面对小概率损失时，人们会变成风险厌恶者。

这就解释了为什么你会买彩票、买保险，因为你相信，就算它不大可能发生，但理论上会发生。换句话说，你总愿意去“碰碰运气”。

【微经济 26】 世上没有不可能事件

布莱森先生坐火车在圣路易斯和纽约之间旅行，当他登上列车后，突然想起自己从未去过路易斯维尔，于是他决定去那里看看。在路易斯维尔火车站咨询之后，布莱森先生决定住在布朗酒店。在布朗酒店登记后，他住进了 307 房间。过了一会儿，他突然心血来潮，问服务员是否有他的信件。服务员查看了他的房间号和名字之后，将标有“乔治·布莱森先生，307 房间”的信件递给了他。刚入住一个陌生的酒店就收到一封信，这是怎么回事？原来，这个酒店 307 房间的上一位客人恰好也叫乔治·布莱森。

很多人都会认为这是一个不可思议的巧合，但从科学、理性的角度看，这种巧合的发生概率并没有想象中的那么小。现实生活中并没有不可能事件，只存在小概率事件，所以，决策者应该从各个角度对各种可能性进行判断，做到有备无患。

【微经济27】忽略先验概率，作出错误判断

请你做下面这个测试：刘先生是中国某大学一名MBA学生，他对逻辑和数学都不感兴趣，而对中东的历史很感兴趣，并且喜欢读经典的埃及小说。你觉得刘先生本科时读工程学的可能性大还是阿拉伯历史的可能性大？

调查表明，大多数人都认为他读阿拉伯历史的可能性更大，理由是：刘先生的爱好很像是读阿拉伯历史的人才会有的，并且一般读历史的人都不喜欢数学。少数人认为刘先生可能是因为读工程学厌倦了，所以才喜欢中东历史和埃及小说。他们的分析都有道理，但是都忽略了先验概率——在中国，有40%左右的MBA学生的本科专业是工程学，而本科读阿拉伯历史的人还不到1%。所以，刘先生本科时更有可能读的是工程学。

做类似的判断时，我们应该分两个步骤进行判断，一是看刘先生的具体信息更符合哪种专业，这是主观判断；二是看这个群体中读某种专业的人所占的比例，也就是先验概率，这是客观分析。

【微经济28】中值回归让第二名更有价值

美国每年年末都会根据业绩好坏给各大公司的股票基金经理排名，每年排名第一的基金经理都会被许多大公司出大价钱哄抢，他们都认为只要抢到了那个第一名，就能在第二年为公司创造巨额的财富。可是，第二年这些公司都会很失望，排名第一的那位基金经理并不像他们想象中那么厉害，没有给公司带来想象中那么多财富。

其实，他们都忽略了中值回归而对事物抱有不切实际的幻想。中值回归是指极端的事物随着时间的推移都有往中值回归的趋势。基金经理的业绩好有自己水平的因素，也有随机的因素。根据中值回归的规律，第一名的经理在下一年自然会有所下滑。生活中，第一名总是特别受人关注、让人追捧，其实他们的价值普遍被高估了，最终导致失望；不妨退而求其次，望望灯火阑珊处的第二名。

第10章

如何权衡竞争与合作

【竞争与合作】作为人的本能之一，竞争是不可避免的，是与生俱来的，也正是因为竞争，市场经济才是有效率的，完全竞争市场因为竞争的存在而达到了帕累托效率。然而，对于整个社会来说，效率和公平二者需兼顾，在协调二者的过程中，我们就需要合作，因为合作能创造更多的财富。

1. 竞争的善与恶

如果你没有竞争对手走得快，你便处于弱势；如果你比竞争对手慢一倍，那你已经被淘汰出局。

——乔治·索尔克

【微经济 1】 鲶鱼效应，有竞争才有生存

挪威人喜吃沙丁鱼，尤其活鱼，市场上活鱼的价格要高出死鱼许多。然而沙丁鱼生命力并不顽强，在长途运输的过程中常常会因窒息而大量死亡。大量渔民对此无可奈何。不过却有一艘渔船总是满载着活的沙丁鱼而归。其中有什么秘诀只有这艘船的船长知晓。后来船长去世，这个秘密才公之于众。

原来，船长习惯在装满沙丁鱼的鱼槽里放进鲶鱼。鲶鱼以鱼类为主要食物，当它被放入鱼槽里，为了熟悉环境就会四处游动。沙丁鱼为了避免被鲶鱼吃掉只能紧张地四处躲避。这样一“折腾”，沙丁鱼离海之后缺氧的问题反而被解决了。

这则故事是著名的“鲶鱼效应”。适当地引入竞争机制有助于提高员工的工作效率。当年国有企业体制改革，大批员工下岗。人们开始可能不理解，但后来就明白了：如果不打破国企员工的“铁饭碗”，在市场经济的大环境下，效率低下的国有企业必将会被淘汰。

【微经济 2】 强者越强，弱者越弱

圣经《新约·马太福音》有这样一则寓言：从前，一个主人要出门远行，临行前叫了仆人来，分别给了五千、两千、一千两银子，让他们打理家业。那领五千和两千的，把钱拿去做买卖，都赚了一倍的钱。但那领一千的，把主人的银子埋在了地里。过了许久，主人远行回来，和他们算账。那赚五千和两千的仆人都得到了主人的奖赏，管理更多的事务去了，那领一千的说：“主人啊，我知道你是严厉的人，没有种的地方要收割，没有散的地方要聚敛。我很害怕，就把你的一千银子埋藏在地里。请看，你的原银在这里。”主

人回答说："你这又恶又懒的仆人，你既知道我是如此，就当把我的银子放给兑换银钱的人，到我来的时候，可以连本带利收回。"于是夺过他的一千来，给了那被给予五千的仆人。

这就是马太效应，经济学家称其为：强者越强，弱者越弱，赢家通吃。现代社会竞争激烈，不论从哪个角度说，一个人都应该趁早积累自己的经验、财富乃至人脉，要做到强者更强，否则只能成为越来越弱的弱者。

【微经济3】 重复博弈有合作，有限博弈是对抗

《笑林广记》中记载着这样一则笑话：有一个人去剃头，剃头匠给他剃得很草率，这人却付给剃头匠双倍的钱，二话不说就走了。一个多月后，这人又来理发。剃头匠还记得他，觉得此人阔绰大方，为多赚点钱，便无比上心、细致周到。剃完后，这人反而少给了许多钱。剃头匠便问他为什么上次给得多这次反而给得少，这人解释道："今天的剃头钱，上次我已经付给你了；今天给你的钱，正是上次的剃头费。"

这个故事说明，有限次的博弈不同于无限次的重复博弈。重复博弈中由于存在长期利益，为了这个利益双方都会选择合作；而在有限次博弈中，并不存在长期利益，为了自身利益，双方均会采取对抗措施。你到其他地方出差，通常会选择去肯德基或麦当劳这样的大的快餐店吃饭也是这个道理，因为这样的快餐店哪里都有，它面对的是重复博弈，所以会提供较好的服务，而当地的小饭馆则有可能欺负外乡人。

【微经济4】 只要比对手强，两败俱伤也无所谓

从前，有两个很虔诚、很要好的教徒，两人一起出发去遥远的圣山朝圣。在路上，两人碰到了一位圣者，圣者被两个教徒的虔诚所感动，决定送他们一个礼物。这个礼物就是两人中一个人先许愿，他的愿望马上就能实现，同时，另一个人就会得到这个愿望的两倍。本来这是个很好的礼物，可两人谁也不愿朋友得到比自己多的东西，所以谁也不愿先许愿。开始时两人还相互客气，让对方先许愿，后来就争执起来了，两人都气急败坏，想让对方许愿。终于，一个人忍不住了，大声说："好，我先许愿，我希望我的一只眼睛瞎掉。"于是，他的一只眼睛瞎了，很快，他的朋友两只眼睛都瞎了。

我希望瞎掉一只眼睛

自私往往会给人们带来麻烦，几乎每个人都不能容忍对手比自己强，因此，人们在面对利益冲突的时候往往选择竞争。就算在双方有共同利益的情况下，人们往往也会选择竞争，而不选择有利双方的合作，这种情况被称为“竞争优势效应”。

人类的自私往往会给自己带来麻烦，几乎每个人都不能容忍自己的对手比自己强，因此，人们在面对利益冲突的时候往往选择竞争。就算在双方有共同利益的情况下，人们往往也会如故事中的人一样，选择竞争，而不是选择有利双方的合作，这种情况被称为“竞争优势效应”。现实中，如果双方能相互沟通，就利益分配问题达成一致意见，就会有更多的合作，而不是两败俱伤的竞争。

【微经济 5】 零和博弈让你变得“无毒不丈夫”

这是拉封丹寓言中有关狐狸和狗的一个故事：一天晚上，饿得发昏的狐狸来到一口井边，把月亮的倒影误认为奶酪，于是跨进一只吊桶下到了井里，却再也不能回到井面上，因为另一只吊桶升上去了。狐狸没有办法，呆呆地等着，想着办法，一直等到了银色的上弦月出现。终于，有一只口渴的狗经过井边，狐狸指着井里那个月亮对狗说：“这是家畜森林之神用最好的牛奶做出来的奶酪，我偶然见到了，并且已经吃掉了一半，你和我很有缘，所以我想把剩下的一半留给你吃，请你委屈地钻到我特意为你准备好的桶里下到井里来吧。”狗贪心，果然中了狐狸的奸计下到了井里，而狐狸得救了。

像狗和狐狸这样的，一个参与者的所得恰好是另一个参与者的所失的博弈被称为零和博弈。在古时的帝王和将相之间就是这样一种博弈，帝王可以压制将相，将相又可以造反夺天下，一方受损一方得益。正是这种零和博弈不断上演，才使得中国历史上充满了阴谋与斗争，许多人也认为“无毒不丈夫”。

【微经济 6】 负和博弈——我得不到的你也别想得到

2008 年 10 月 8 日，深圳万科物业的离职员工钟林均手持两瓶汽油，冲进万科物业办公室，向全身洒上汽油纵火自焚后扑向公司智能化工程经理吴平。虽然大火迅速被扑灭，但钟、吴二人严重烧伤，公司办公室也严重受损。此事缘由、结果如何我们不细述。我们要说的是博弈。在此案例中，没有一个获益者，双方都是输家。万科物业不仅要支付钟、吴两人的巨额医疗费用，企业形象还严重受损；而钟林均不仅犯了故意伤害罪，还要支付大笔医疗费，毁了自己的未来。

这是一个典型的负和博弈，双方都失去了很多，却几乎没有收获。现实生活中，类似的例子很多，“我得不到你也休想得到”、“我不好过也不让你好过”的打击报复行为都属于负和博弈。负和博弈会导致双方失大于得、两败俱伤，所以我们应该尽量避免，有冲突要尽量用缓和的方式解决。

2. 合作创造更多财富

刀鞘保护刀的锋利，它自己则满足于它的迟钝。

——泰戈尔

【微经济 7】 高峰期堵车时也有社会协作

早晨上班时，身处大都市的你常常会遇到早高峰堵车的状况。此时的你很可能心烦意乱，恨不得飞到目的地。而同样面对这种堵车的景象，经济学家保罗·海恩却看出了人类的共同协作。

海恩先生在《经济学的思维方式》中指出，即使是交通非常拥堵的时候，每辆车并没有完全静止不动，而是缓慢地不断向前。每个人都有自己的目的地，但并不知道他人的目的地是何处。但各个车辆之间却很少出现碰撞，哪怕有时道路中间穿插着行人和非机动车辆。如果别人在交通堵塞时看到的是混乱和无序，那么海恩先生看到的恰恰是公共秩序及社会协作的存在。

如果没有这种社会协作，一切会像著名哲学家霍布斯在其巨著《利维坦》中所描述的那样：“在这种状况下，产业是无法存在的，因为其成果不稳定。这样一来，举凡于土地的种植、航海、外洋进口商品的运用、舒适的建筑、移动与拆除需费巨大力量的物体的工具、地貌的知识、时间的记载、文艺、文学、社会等都将不存在。最糟糕的是人们将不断处于暴力、死亡的恐惧和危险中，人的生活将孤独、贫困、卑污、残忍而短寿。”

【微经济 8】 合作还是背叛，利益最大化来决定

甲乙两人一起携枪准备作案，被警察发现抓了起来。警察还怀疑两人一起犯过纵火罪，但没有证据，于是分开审讯。两人都被告知，如果两人都不

坦白，将各被判刑1年；如果其中一人招供而另一人不招供，坦白者将不会被起诉，不坦白者会被重判15年；如果两人都招供，则都会被判10年。甲乙各自在如此计算：甲想，如果乙不招供，自己招供了就会自由，而不招供还要判1年，显然应该招供；如果乙招供了，自己不招供会被判15年，而招供了只判10年，还是招供比较好。而乙也同样这样想。结果两个人都坦白了罪行，自以为聪明的做法让两人都被判了10年，其实最优的选择是两人都不招供。这就是著名的囚徒困境。

在现实生活中，广告竞争、军备竞赛、公共产品的供给都是囚徒困境的例子。但现实中，各方的信息并非都是完全闭塞，沟通让合作成为可能，所以在现实决策中，努力让自己的利益最大化仍是正确的原则，但也要考虑到合作的可能。

【微经济9】 合作中不妨吃点小亏

威廉·哈里逊是美国第九任总统，可是他小时候家里很穷，这使他变得沉默寡言，人们甚至认为他是个傻子。有一次，一个人拿一枚一美元的和一枚五美分的硬币放在他的面前让他挑，说挑哪个就送他哪个。哈里逊看了看，挑了五美分的硬币，这一举动让人们更加确信哈里逊是个傻子。

很快，当地人都知道了这件事，很多人都饶有兴致地来看这个“傻小孩”，都拿来五美分和一美元的硬币让他挑。结果，哈里逊每次都拿那枚五美分的。一位妇人看他可怜，就教他哪个是一美元哪个是五美分，哈里逊却对妇人说：“我认识一美元，可是如果我拿了一美元，他们就再也不会这样来看我的笑话了，我就拿不到五美分了。”

人们可能在合作的某一局部吃亏，但是如果这对全局发展能起到极大的作用，那么就是值得的，这正是所谓的“吃小亏占大便宜”。

【微经济10】 强调双赢，更好合作

有个吝啬鬼不小心掉进河里，有好心人趴在岸边喊道：“快把手给我，我把你拉上来。”喊了好久，但这吝啬鬼就是不肯伸出自己的手。眼看着吝啬鬼就要沉下去了，有人告诉他那是个吝啬鬼，不救也罢，好心人突然醒悟：“我把手给你，你快抓住我！”这吝啬鬼一下就抓住了好心人的手。

这虽是个笑话，却暗含了哲理。人们对于获得和损失的敏感程度是不一样的，对损失感到的痛苦远远大于对获得感到的快乐。对于吝啬鬼尤其如此，因而，即使自己马上就要沉下去了，他也不肯把自己的手“给”别人。所以，在商务活动中，要尽量避免提到对方可能有的损失，而是要强调双赢，这样对方更容易接受你的提案。

【微经济 11】借力打力，互利共赢

从前，有两个饥饿的人得到了一位长者的恩赐：一根渔竿和一篓鲜活的鱼。他们一个人拿了渔竿、一个人拿了鱼之后各奔东西。得到鱼的人就地生火煮起了鱼，煮好后就开始狼吞虎咽，没多久就吃完了所有的鱼，最后只得饿死在鱼篓旁。拿渔竿的人继续忍饥挨饿艰难地向海边走，当他就要看见蔚蓝色的海洋时，却因为饥饿过度而死在路上。同样是两个饥饿的人，得到了同样的恩赐，他们没有各奔东西，而是商量一起去大海。他们每次只吃一条鱼，经过遥远的跋涉，最终找到了大海，两人又用那一根渔竿一起钓鱼，最终过上了幸福安康的生活。

一样的恩赐，却有不一样的结果，区别在于有的人不懂得利用身边的资源，不懂得与他人合作。经济学讲究的是互利共赢，人与人交往如此，个人理财也是如此，善于借力打力、放眼未来，才能更好地利用已有的钱“生产”更多的钱。

【微经济 12】正和博弈，创造更多财富

狐狸掉进了井里的吊桶里面，想尽了办法也上不去，等了好久，直到一只狼来到了井边，想喝水。狐狸一看机会来了，就对狼说：“狼啊，您是那么的强大，以至于所有的动物闻见您的气息就都不敢靠近，我也如此。可是就在我刚才想要避让的时候，不小心掉进了井里。强壮的您能救救我吗？只要您将井边的那块石头放到上面那个吊桶里就行了。您若是口渴了，我上岸后帮您打一桶水让您喝个够。”狼觉得狐狸说得有理，自己也确实渴了，狐狸上不来自己就喝不到水，于是答应帮忙。狼将石头放到桶里后，狐狸出来了。

在这个故事里，狼和狐狸都得到了好处，从博弈的角度来说，是一个正和博弈。正和博弈指博弈双方的利益都有所增加，或者至少是一方的利益增

加、而另一方的利益不受损害的博弈。现实生活中大部分决策、交易都是正和博弈，买卖双方通常会共同创造财富。

【微经济13】 聪明反被聪明误，不如合作

两个旅行者从一个盛产细瓷花瓶的地方回来，分别带回一个花瓶。可是飞机抵达后两人发现托运的花瓶碎了，于是向航空公司索赔。航空公司不知道花瓶的具体价格，只知道是八九十元左右，于是采取了一个对策。他们让两人分别写下花瓶的价格（100元以内），若是两人写的一样，就按写的价格赔偿；若是不一样，就认为写的价格低的那人写的是真价，并按低价赔偿，并对写真价的人奖励2元，对写假价的人罚款2元。

两人都互相盘算着，猜想着对方会写多少：甲想写99元，因为乙会写100元，这样甲就能得到101元。可是乙想到甲会这么做，所以自己想写98元。同理，甲也知道乙会这样，所以想写97元……如此循环，最后他们都写了0元，聪明反被聪明误。哈佛大学的巴罗教授称这个模型为“旅行者困境”，虽然它只是在人们完全理性的前提下成立的，但也启示我们：考虑私利的时候不要太精明，精明并不等于高明，太精明往往会坏事。

【微经济14】 团购的合作降低交易成本

小王刚买了一套新房，正和妻子忙着装修，却为装修发了愁。他们买房子就花了一大笔钱，想到装修花费也不少，就想找出个省钱的方法。小王夫妇下午出门碰到了另一对夫妇，交谈后才发现他们也正忙着装修，大家一合计，想到多找几家一起团购装修材料，那样能省好大一笔钱呢。于是他们开始四处联系等，新房子装修完了，竟比单独装修省了将近1万元。此后，他们就都迷上了团购。

正如案例中所说，团购能使消费者用较少的钱买到同样甚至更高品质的产品，增加了消费者的消费效用。团购者之间的合作其实是一种合作博弈。合作博弈一般是指若干参与者结成联盟，进行协作以争取联盟体的最大利益或最小成本，再把利益或成本进行内部分配的博弈。对于消费者而言，某个个体只能被动地接受商家给出的价格，没有实力进行还价；而团购联合了众多的个体，使消费者的力量得到加强，可以迫使商家以低于市场价的价格出售商品，从而降低成本。

3. 认同它，你就觉得公平

水虽平，必有波；衡虽正，必有差。

——中国民谚

【微经济 15】人不自利只会增加交易难度

清代小说《镜花缘》中有一个君子国，在君子国，人人利他而不利己，在这里的交易习惯是卖家会少要钱而买家会多付钱。也许你认为这是一个很好的国度，在这里就不会有被商家骗的情况了，可是不自私真的好吗？君子国的市场上，有两个人正在交易。买家说："你的东西这么好，我给的钱太少了，心里过意不去。"卖家说："我的货没有别家的好，我只能收你一半的钱。"买家坚持多付钱："我能识别货物好坏，你的货很好，只收半价有失公平。"卖家却着急了，大声说道："你真的想买，就出半价，这样最公平。若是全价我是不会卖给你的，你去别家好了。"买卖双方争执不下，互相谦让。

可见，君子国中的利他行为增加了交易的难度，给双方带来很多不便。实际上，个体对利益的追求往往能实现社会利益最大化，这就是经济学假设人是理性且自利的原因之一。

【微经济 16】简单利他主义，别人开心你也开心

在上文中提到的张三和李四捡钱的例子中，我们说，两人都同意经济学教授把 50 元钱全部分给较为贫穷的张三。从经济学的角度看，每个人作出某种行为必然有其潜在的激励动机，李四的动机是什么？故事中的李四是一个简单的利他主义者。所谓的简单利他主义，即经济行为人将对别人的偏好或效用纳入了自己的效用函数，换言之，这种利他行为能使经济行为人利己目标实现。在这种情况下，利他行为是手段，而利己才是目的，因此，这种利他主义与利己主义并不矛盾。

故事中，李四因为朋友一家人的开心而觉得满足，并"消费"了朋友给自己的感谢，以及对自己的赞扬。这些精神上的"消费"给他带来了很大的效用，所以两人的总福利水平是增加的。如果不这么分钱，李四就不能"消

君子国的交易

君子国是个高尚的国家，但君子国中的利他行为增加了交易的难度，给双方带来很多不便。实际上，个体对利益的追求往往能实现社会利益最大化，这就是经济学假设人是理性且自利的原因之一。

费”感谢和赞扬，还可能会产生内疚，导致负效应，并且钱对李四的效用比张三低很多，总福利水平也就低。所以，教授的分钱方法是建立在李四是简单利他主义者这个前提之上的。

【微经济 17】 行为分配性公正，公平才是真理

如果张三和李四两人捡到钱之后，决定五五分成，这也体现了一种利他主义，叫做“公平配置”，也称为“行为分配性公正”。它说明在面临资源分配的情况下，人们在主观上存在对资源分配公正性和公平性的关注。也就是说，行为人的心理在客观上更加偏好公平和公正而不是整个社会福利的最大化。

两人决定五五分成只是因为他们觉得这样公平，这种“行为分配性公正”在生活中很普遍，人总是在试图寻找公平，试图在他人和自己间建立平衡。公平一般分为机会的公平和结果的公平。以就业为例，有没有就业机会反映了机会的公平，收入高低反映了结果公平。现在引起社会关注的更多的是结果的平等，但从经济发展的角度来讲，可能更重要的是机会的平等。

【微经济 18】 交互式利他行为，要么利他，要么利己

小王在街头碰到有个人向他乞讨，见此人衣着体面、皮肤白皙，小王想：比我都体面还出来乞讨，肯定是骗钱的，于是分文没给。可是，在街另一头，他发现了另外一个乞丐，见该乞丐衣衫褴褛、老态龙钟，他马上动了恻隐之心，慷慨地拿出 10 元钱给他。小王的这种利他主义被行为经济学家称为“交互式利他主义”，因为在这种情况下，小王是否选择利他行为，在很大程度上取决于他对乞丐的行乞行为以及背后的动机和意图是良还是不良的主观判断。

交互式利他主义是指：人们觉得对方的动机和意图是善良和公正的时候，就会对对方施行纯粹的利他行为；而在感知对方的动机不轨、不善良的情况下，人们就会选择利己。人们常说的“人不犯我，我不犯人，人若犯我，我必犯人”、“善有善报，恶有恶报”都是“交互式利他主义”的典型例证。

【微经济 19】 互惠式利他，相互回报

互惠式利他是指：没有亲缘关系的生物个体为了获得回报而相互提供帮

助。生物个体之所以不惜降低自己的生存竞争力而帮助另一个毫无血缘关系的个体，是因为他们期待日后得到回报、获得更大的收益。期权投资就和互惠式利他非常相似，人们那样做只不过是为了获得收益。

雌性吸血蝙蝠的血液分享是一个著名的互惠利他例子。它们回吐血液给那些没有采集到血液的蝙蝠，因为自己可能有一天受益于类似的捐助。那些拒绝分享的蝙蝠将被蝙蝠群体记住，被排除在这种协作之外。同样，它们更有可能回吐血液给以前曾经回吐过血液的蝙蝠。

在囚徒困境中，如果游戏者相信对手会合作，那么他就会选择合作，此时，游戏就会变成互惠性质的。这种与传统经济学假设不符的情形在生活中很常见，因为人们有互惠合作的倾向。

【微经济 20】 发现不公平背后的公平

这是一个很经典的故事：又到了一年农事开始的时候，地主把佃农叫到家里，对他说：“今年的播种又要开始了，你好好干，收成还是按老样子，你拿一半。”佃农劳作一年，到了收获时节，望着割下来堆成垛的谷子，突然有了一种莫名其妙的愤慨：“我辛辛苦苦干了一年的活儿，到头来收下的谷子自己才能拿到一半；而地主整天在家里玩，却平白无故拿我一半的收成！”于是，愤愤不平的他去找地主理论。没想到地主却说：“你别在这儿抱怨了，你也不想想，我要不把地租给你，你连一半收成都没有！所以，要我说，我觉得收成里我拿的份儿还少了呢！”

这个故事简单但引人思考：地主和佃农的说法都有道理，没有佃农的劳动投入，地里长不出谷子；但是没有地主的地，佃农就是有再大的本事也不会有收成。其实地主和佃农的矛盾就是一个典型的“公平”问题。

有人总是感叹生活很不公平，但如果你足够聪明，就不会这样想。记住，上帝让你富有，就不会让你比别人更幸福。你可能钱不多，但家庭和睦；你可能吃得比较简单，但很健康。

【微经济 21】 公平感来自“认同”

生活中，我们总是自觉不自觉地在寻找公平。也不难发现，个体对公平的理解会有较大差异，因为存在信息不对称。此外，主观评价会使比较失去客观标准，投入和产出形式的多样性也使得比较难以进行。

然而，人们的公平感最终来自于“认同感”。组织中的个人是否感到公平，最终取决于他对自己在这个组织中所处的位置是否认同。厉以宁教授举过一个例子：一个家庭有三个孩子，第一个孩子上学时家庭困难，只能供他读到中学毕业；到第二个孩子上学时家庭条件好些了，供他上大学；到第三个孩子上学时家庭富裕了，可以供他出国留学。三个孩子对这个家庭是认同的，他们会觉得家庭对自己是公平的，因为他们对家庭的历史状况是谅解的。同样，如果个人对组织有认同感，即便报酬低一点、投入多一点也都无所谓，不会产生不公平感。相反，如果个人对组织不认同，那么无论报酬有多高，员工都会感到不公平。

第 11 章

你总有办法取得胜利

【打破博弈困境】 无论是在日常生活中，还是在商业领域，我们无时无刻不在和自己或者别人进行着博弈，这是没有硝烟的战场。有时，我们会陷入某种博弈困境，但恰当的博弈策略能助我们打破困境、解决问题。

1. 出人意料才是赢的策略

生活就是一场心理较量，博弈就是一场心理战，混沌之中，不妨随机而动，出人意料。

【微经济 1】 如何玩“石头、剪刀、布”的游戏

某个小镇上只有一名警察，他负责整个镇的治安。现在假定，小镇的一端有一家珠宝店，另一端有一家银行，并且该地有且只有一个小偷。因此，警察一次只能在一个地方巡逻，而小偷也只能去一个地方。若警察选择了小偷偷盗的地方巡逻，就能把小偷抓住；而如果小偷选择的地方恰好没有警察巡逻，就能够偷窃成功。假定银行需要保护的财产价值为 2 万元，珠宝店的财产价值为 4 万元。警察怎么巡逻才能使效果最好？这就是是博弈论中的警察与小偷博弈。

警察的一个最好的策略是，抽签决定去银行还珠宝店。因为珠宝店的财产价值是财产银行的两倍，所以可以用两个签代表，比如抽到 1、2 号签去珠宝店，抽到 3 号签去银行。

我们常玩的“石头、剪刀、布”的游戏是这个博弈模型的形象样板。若是对方知道你用某个策略的可能性增大，那么你在游戏中输的可能性也就大了。所以，你用每个策略的可能性应该是随机的。

【微经济 2】 要出奇制胜，就不按套路出牌

民间有一种说法，叫做“乱拳打死老师傅”，说的是：如果一切都有章法可循，按套路出牌，你必然打不过老师傅；但若是不按套路出牌，无章法可循，那么连有经验的老师傅也招架不了。联想到电视剧中的各种武打场景，我们会发现，打斗双方实际上都是在以招拆招，有时甚至要估计对方的下一招是什么，可见其中章法很重要。下面这个故事就反映了这个道理。

一位学艺归来的拳师与老婆发生了争执，剑拔弩张、马上就要打起来了。见老婆怒气冲天，拳师心想：“那么多人都不是我的对手，难道还怕你不成。”哪知自己还未摆好架势，老婆已经张牙舞爪地冲上来，三下五除二，竟然将

他打得鼻青脸肿、丝毫没有还手之力。事后别人问他是否武艺不精，拳师无奈道："她不按招式出拳，我怎么招架?"

商家之间通常竞争激烈，打得你死我活，但若某个商家不按套路出牌，也许能出奇制胜。

【微经济 3】 历史数据不重要，重要的是其他人的预测

美国人阿瑟提出过一个"酒吧问题"：一个小镇上共有 100 人，每个周末均要去酒吧活动或待在家里。这个小镇上只有一间酒吧，少于 60 人时酒吧最能让人感到舒适。第一次，镇上的大多数人都去了酒吧，导致酒吧爆满，多数人抱怨还不如不去，那些没去的人反而庆幸没去。第二次，人们根据上一次的经验认为人会很多，去了还不如在家清静一下，于是决定不去。结果因为多数人决定不去，所以这次去酒吧的人很少，在酒吧很舒适，没去的人知道后又后悔了。看来，小镇上的人真是很难作出正确的预测。

这是一个典型的动态群体博弈问题。这个博弈的问题在于：一个人要作出正确的预测，必须知道其他人如何作出预测，但是每个人作出预测的基础是一样的，所根据的信息是一样的，都是过去的相同的历史，人们并不知道别人当下如何作出预测。股票买卖、交通拥挤以及足球博彩等问题都是酒吧博弈问题的延伸，也就是说，这些问题中的历史数据未必能提供帮助，重要的是考虑别人的预测。

【微经济 4】 人质困境——你敢站出来吗

苏联共产党第 20 次代表大会闭幕后，赫鲁晓夫突然向大会代表们作了报告，系统揭露和批评了斯大林的重大错误，要求肃清个人崇拜在各个领域的流毒，引起国内外代表的一片哗然。此后，赫鲁晓夫也多次在会上谈论这个问题，但有一次受到了质问。会上，有人从听众席里传来一张纸条，上面写着：当时你在哪里?

赫鲁晓夫确实机智，他想了想，大声念出了纸条上的内容，并威严地向台下喊到："写这张纸条的人，请你马上从座位上站起来，并走到台上。"台下鸦雀无声。赫鲁晓夫再重复了一遍，但台下仍然是一片死寂。赫鲁晓夫于是淡淡地说："好吧，当时我就坐在你现在所坐的位置上。"

赫鲁晓夫之前的处境和传纸条的人当时的处境一样，都是处于人质困境之中。在一群人面对威胁或窘困时，很少有人敢于第一个采取行动，因为它意味着付出惨重的代价。这就是人质困境。

【微经济5】薛仁贵的白袍策略——少数派策略

唐贞观十九年（公元645年），唐太宗李世民亲征高丽。在安市城东南8里，唐军与15万高丽军展开决战。战争刚开始，唐军中就出现一员身穿耀眼白袍、手中握戟、腰中挎弓的小将，他大吼一声就杀入了敌阵。敌将惊慌失色，阵形很快被那员小将冲乱，士卒四散奔逃。唐军遂在那员小将的后面掩杀过去，高丽军顿时溃不成军。战争结束后，李世民专门召见那员小将，称赞不已，并对其大加奖赏，此后更是加以器重。此人正是后来“三箭定天山”的薛仁贵。

薛仁贵的这一招在博弈论上叫做“少数派策略”，在客观上起到了引起注意并受到重用的效果。尽管薛仁贵穿上与众不同的白袍杀入敌阵，其初衷也许是为了让自己的士兵容易识别他，但却不小心脱颖而出。“白袍小将”告诉我们，要做就做少数者，要想尽一切办法去创造自己所需要的条件并成为与众不同的少数者，这样才能吸引别人的注意，更多地享受有限的资源，进而走向成功。

【微经济6】挖金矿不如卖水——敢于突破

19世纪中叶，美国很多人前赴后继地奔赴加州，追求淘金之梦，17岁的小农夫亚默尔也是其中一员。随着越来越多的人蜂拥而至，金子越来越难淘，生活也越来越艰苦。许多不幸的淘金者因为气候干燥、水源奇缺而葬身加州。

小亚默尔觉得淘金无望，又发现水源奇缺，于是突发奇想：淘金的希望太渺茫了，还不如卖水呢。亚默尔于是放弃了寻找金矿，不顾别人的嘲笑，将挖金矿的工具变成了挖水渠的工具，挖出一条条水渠，从远方将河水引入水池，再用细纱过滤，最后将水装进桶里，挑到山谷一壶一壶地卖给找金矿的人。小亚默尔真是很聪明——在这里水几乎毫无成本，而利润惊人，别处哪有这样好的市场。结果，很多淘金者都空手而归，而亚默尔却在很短的时间内靠卖水赚到了几千美元，这在当时是一笔非常可观的财富了。

这个故事告诉我们，要想成功，就要改变以自己需求为中心的传统想法，跳出人云亦云、人求亦求的怪圈，另辟蹊径。

【微经济 7】巧用价值差异投资赚钱

春秋战国时期，有一个叫监止子的大商人，在市场上看见许多人争着买一块璞玉，大家出价大约是一百金。监止子也看出那块璞玉质地极好，但又不想去多出钱争抢，遂假装看玉失手，将玉碰坏了一小块。因为碰坏了，大家就都不来争了。卖家要求赔偿，监止子就按大家的出价赔了卖家一百金。拿回璞玉后，监止子将其加工成了一块很好的美玉，最后卖了一千金。

监止子损坏商品的行为本是极为不妥，但他巧得璞玉的过程说明了买卖双方可以巧妙地利用商品价值的变化。在市场竞争的环境下，商品的账面价值和实际价值是不一致的，也就是说一件商品的内在价值是一定的，但账面价值会随着商品的供需变化而不断变化。商家和消费者都可以如监止子一样通过某种方法改变商品的供需，进而改变其价值，实现自己的利益。

【微经济 8】人生博弈面前，选择比机会重要

有三个人要被关进监狱三年. 监狱长同意满足他们每人一个要求。美国人要了三箱雪茄，法国人要一个美丽的女子相伴，犹太人要了一部与外界沟通的电话。

三年后，一个嘴里塞满了雪茄的人第一个冲了出来，大喊道："给我火，给我火!"原来美国人忘了要火柴。接着法国人出来了。只见他手里抱着一个小孩子，美丽女子手里牵着一个小孩子，肚子里还怀着第三个。犹太人最后走了出来，他非常感激监狱长，紧紧地拉着他的手说："这三年来我与外界的联系没断，生意不但没有停顿，反而增长了200%。为了表示感谢，我送你一辆劳斯莱斯!"

这个故事虽然可笑，但说明了人生博弈的法则，即决定命运的是选择而不是机会，什么样的选择决定什么样的生活。那么如何选择呢？假设你确定了自己三年后要做什么、成为什么样的人，那就要用倒推的方法，先考虑你为了达到那个目标两年后应该在做什么，进而考虑一年后该做什么、半年后该做什么，以至于明天该做什么、今天该做什么。

2. 何必针尖对麦芒

有时候针锋相对不一定能解决问题，反而可能使矛盾激化，这时，恰当地以退求进才是智慧。

【微经济9】 置身事外，保存自己

《清稗类钞》中有这样一个故事。有一天湖广总督张之洞与湖北巡抚谭继洵等人在黄鹤楼举行公宴，客人里有人谈到了江面宽窄问题，谭继洵说是五里三分，张之洞故意说是七里三分。督抚二人相持不下，谁也不愿丢了面子，在场僚属难置一词，于是请来了当地的江夏县令陈树屏裁决。陈树屏知道督抚二人素来不合，而自己又都得罪不起，于是灵机一动，言语平和地说："江面水涨就宽到七里三分，而水落时便是五里三分。张制军是指水涨而言，而中丞大人是指水落而言。两位大人都没有说错，这有何可争执的呢。"这一席话分寸把握得十分好，一场僵局马上就被化解了。

生活中我们总会遇到类似的问题，比如让你裁决朋友间的对错，这时，置身事外才是一种智慧。这种手段并不是一种墙头草的行径，而是一种博弈手段。只有这样，自己才能在冲突的最初阶段更好地保存下来，万一将来不得已卷进冲突，也能占据更有利的位置。

【微经济10】 要善于保护讨价还价的能力

刘墉在《我不是教你诈》一书中讲了这样一个故事：小李请人在17层高楼的窗外钉花架，特别请假在家监工。不一会儿功夫，师傅就把花架钉好了。小李担心花架是否结实，师傅豪爽地拍胸口回答说："三个大人站上去跳都撑得住，保证20年不成问题。"小李闻听，请他写下保证书，师傅看小李满脸严肃的样子，犹豫了。小李又说："如果你不敢写，就表示不结实。不结实的东西，我是不敢验收的。"师傅只好勉强写了保证书。放下笔，师傅又出去钉了些钉子，足足忙了半个多钟头，检查了又检查，确信结实后才离开。

这个故事告诉我们，要保护自己讨价还价的能力，而这种能力又跟谈判者所处的地位有关。小李在付款后和付款前的谈判地位就是不一样的，这一

点大家都清楚。也就是说，买家要争取的是先验货后付款或者是试用后再付款，卖家就应该争取让对方先支付部分款项再正式交货。若运用得当，这种商业谈判的技巧在生活的各个方面帮助我们。

【微经济11】 冒险策略宜早不宜迟

楚汉大战于彭城后，刘邦大败而退，派说客隋何前往九江，说服九江王英布发兵背叛楚国。英布虽然害怕，但他本就想依靠自己，投楚只是因为楚国比汉强大而已。隋何一番游说契合了英布的想法，英布于是暗中答应叛楚归汉，但不敢泄露风声。同时，项羽的使者也来到九江，急催英布发兵援救楚军。隋何听说后直接闯入传舍，坐到楚使者的上座，说："九江王已归附汉王，楚王凭什么让他发兵？"并趁机劝说英布。他还在楚使者起身准备离开时刺杀了他，并劝英布尽快与汉军联手。英布只得听从了隋何的话，起兵攻楚。

在当时楚强汉弱的形势下，隋何深知，如果自己仅凭口舌与楚使者争英布，虽无风险，但也不容易获胜。而以迅雷不及掩耳之势将楚使者杀掉，虽然风险大，但却断绝了英布的退路，增加了成功的可能性。

总体来说，如果要冒风险，那么越早冒险越好。正如康熙皇帝要撤三藩时说，自己是在赌吴三桂不反，如果自己赌输了，也还有能力应对，但若等到年老时再论撤藩，就赌都不敢赌了。

【微经济12】 凡事不必争个输赢胜负，以退求进收益更大

《神雕侠侣》中洪七公和欧阳锋两人比试内力，结果僵持不下，杨过只能以外力分开他们。这种场景在很多武侠电影、小说里面都会出现，看似平平常，其实是一种斗鸡博弈。

斗鸡博弈说的是，有两只实力相当的公鸡狭路相逢，这时每只公鸡都有两个行动选择：一是退下来，一是进攻。如果甲退下来，而乙没有退．那么乙获得胜利，甲很没面子；如果乙也退下来，则双方打个平手；如果甲没退，而乙退下去，那么甲胜利，乙失败；如果两只公鸡都前进，那么将会两败俱伤。因此，对每只斗鸡来说，最好的结果是对方退下去而自己不退。但是这种追求却可能导致两败俱伤的结果。

若凡事争个输赢胜负，必然会给自己带来不必要的损失。有时，我们并

不具有获胜的把握，这时不妨以退求进，换取双方回旋的余地，也就能带来双方都获益的机会。

【微经济 13】 妥协吧，不然蛋糕就会在争吵中融化

甲与乙两个人共同分享一个冰激凌蛋糕，他们决定先商量好怎样分蛋糕。可是，在讨论怎样分的过程中，蛋糕却在不断融化。如果双方因为对分配方案不满意而没完没了地商量下去，蛋糕就会融化，最后都一无所得。所以对二人而言，当务之急是想办法尽快达成一致好把蛋糕吃到嘴里去。

这就是经济学中的“分蛋糕博弈”，狄更斯的《荒凉山庄》中展现了其极端情况：争执围绕贾恩迪斯山庄展开，变得没完没了，最后为了支付律师们的费用，整个山庄不得不被卖掉，而争执的双方由于各不相让什么也没有得到。

时间就是金钱在这个博弈模型中得到了很好的说明，谈判双方应该尽量缩短谈判过程、尽快达成协议，以减少成本的耗费、避免损失、维护各自的最大利益。现实生活中，在双方利益发生冲突的情况下，并非只有鱼死网破、你死我活这一条路，如果要为自己的长远利益打算，就有必要与对方达成妥协，毕竟妥协不一定会导致利益受损。

【微经济 14】 请问破的是哪只轮胎

有一个小故事在北美学生的电子邮件交流中流传很广，它是这样的：星期日的晚上，有两位化学系的学生，没有为星期一的期末考试复习，而是去参加了聚会，第二天又睡过了头。于是星期一两人没去考试，对教授撒谎说他们从弗吉尼亚大学往回赶的时候轮胎爆了，由于没有备胎，所以只好整夜待在路边等待救援，早上刚回来。并请求教授让他们明天补考，教授同意了，两人准备一番后周二去参加考试了。教授安排他们分别在两间教室作答。考卷的第一页只有一个化学题目，占了 10 分，两人很轻松地就答出来了，于是翻到第二页。可是第二页上的题目是——“请问破的是哪只轮胎”，占了 90 分。两人傻眼了，只能乖乖认错。

故事里的两个学生本是合作共谋的关系，但聪明的教授有意制造出信息不对称——两人无法沟通进而达成一致——改变了两人合作的格局。执法者或管理者也可以应用这一方法，用多种方式来改变博弈参与者的格局，进而很好地解决问题。

破的是哪只轮胎

故事里的两个学生本是合作共谋的关系，但聪明的教授有意制造出信息不对称——两个无法沟通进而达成一致——改变了两人合作的格局。执法者或管理者也可以应用这一方法，用多种方式来改变博弈参与者的格局，进而很好地解决问题。

【微经济 15】以耐心赢得博弈

有一个聪明的男孩，和妈妈一起去杂货店买东西。老板觉得小孩可爱，就打开一罐糖果，要他自己拿一把，但是这个男孩却没动。于是，老板亲自抓了一大把糖果放进他的口袋中。后来，母亲很好奇地问儿子为什么没有自己去抓糖果。小男孩回答："因为老板的手比我的手大很多，所以他拿的一定比我拿的多很多！"

小孩的贪心其实反映出一个博弈原则——要有耐心，不能过早暴露。这样，对手会以为你懈怠，会迫不及待地想利用你的延误，这时再进行反击就能取胜。有经验的人都知道，买东西时要不紧不慢，即使非常想买下某种物品，也不能在售货员面前表现出来。通常情况下，急于购买某物的人通常会支付很高的价格，急于出货的卖家也会以很低的价格卖出商品。

【微经济 16】向陆象先学习边缘政策

陆象先是武则天时期的宰相陆元方的儿子，以喜怒不形于色而闻名，早年做过同州刺史。有一次他家里的仆人当街碰见他下属的一名参军，没有下马。这本是一件并不严重的事。但是，这位参军却大发雷霆，命人鞭打仆人，直到血流浃背，然后到陆的府中禀告，请求免去官职。对此，陆象先早已知晓事情原委，但他并未直接批评，而是从容答复道："身为奴仆，见到做官的人不下马，打或不打都可以；做官的人打了上司的家仆，罢官或不罢官也都可以。"说完，再也不理睬他，而是自顾自地看起书来。参军也不明白刺史的态度，更不敢问，此后便收敛了许多。

陆象先的话表明：可怕的事情有可能发生，虽然这不一定成为事实，但有这样的可能性和风险。此外，模棱两可的回答也缓和了威胁，避免同归于尽的后果。这就是边缘政策的用法。古代帝王多不抛头露面，为的就是保持神秘和威严，也是因为这样的道理。

【微经济 17】利用与警惕小步慢行策略

一个阿拉伯人带着一只骆驼在沙漠露宿，阿拉伯人睡在一个小小的帐篷里，骆驼睡在帐篷外面。半夜，骆驼请求把鼻子伸进帐篷取暖，然而帐篷太小，阿拉伯人不答应。骆驼再三恳求，说占不了太多空间。于是主人心软了，答应了它。

过了一会儿，骆驼又请求把头伸进帐篷，因为身上依然很冷，阿拉伯人同意了，缩了下身子，让出一块地方。没一会儿，骆驼又说："仁慈的主人，我的脖子冷，请允许我的脖子也伸进帐篷中吧。"主人于是又蜷缩了一下身子让出一块地方。

一步一步，骆驼把前足、胸部、腰部，以至整个身子都挤进了帐篷里。马上就要占满整个帐篷了，骆驼站起身来说："主人，这个帐篷确实太小，容不下你和我，请你出去吧。"

骆驼在这个故事中所使用的这个策略，在博弈论中叫做"小步慢行"策略。在作出请求或面临冲突时，要从小处开始，渐进地、一步步地展示自己的意图，这样可以让威胁减小，也让人更容易接受。

3. 将你的利益转换成对方的利益

善用外力，将自己的利益与对方的利益"绑"在一起，即使损失也是对方损失大，这样，你就能稳操胜券。

【微经济 18】 智猪博弈，做企业中的小猪

假设猪圈里有一头大猪、一头小猪。猪圈的一头有食槽，另一头安装着控制食物供应的按钮，按一下按钮会有 10 个单位的猪食进槽，但是谁按按钮就会首先付出 2 个单位的成本，若大猪先到槽边，大小猪吃到食物的收益比是 9∶1；同时到槽边，收益比是 7∶3；小猪先到槽边，收益比是 6∶4。那么，在两头猪都有智慧的前提下，最终结果是小猪选择等待，这就是智猪博弈。

实际上小猪选择等待的原因很简单。在大猪选择行动的前提下，小猪选择等待可得到 4 个单位的纯收益；而两猪同时行动的话，小猪则仅仅可以获得 1 个单位的纯收益；在大猪选择等待的前提下，小猪如果行动，收入将不抵成本，纯收益为－1 单位；如果两猪都选择等待，那么小猪的收益为零、成本也为零。总之，等待要优于行动。

企业竞争中，某些小企业不妨耐心等待，让其他大企业先开发市场，做一回“小猪”，有时候有所不为才能有所为。

【微经济 19】 理财专家可以成为你理财的“汽车”

话说龟兔赛跑以后，兔子一直不服气，决定在山上进行第二次比赛。兔子这次没有懈怠，努力地往山上爬，到山顶时，乌龟才爬了一大半，兔子不敢松懈，马上下山。哪知还有三分之一路程时，兔子看见乌龟缩成一团从山坡上滚了下来。这次又是乌龟赢了……兔子还是不服气，决定接着比赛，这次，它选的地方一马平川。兔子边跑边想：这次我也不睡觉，这里也没有山坡，我看乌龟怎么赢。就这样，兔子满怀信心地奔跑着，结果一辆汽车奔驰而过，上面坐着乌龟……兔子傻眼了。

新龟兔赛跑的故事告诉我们，不能“在一棵树上吊死”，我们要学会善用外力、借力使力、这样才能更容易地成功。这一点也可以应用在理财上。有的人认为专家理财都是骗人的，不愿意花佣金找理财机构，其实不然。专家理财再不济也比个人理财专业、稳定，有他们帮忙，我们可以更好地理财。

【微经济 20】 不妨“偷懒”搭便车

2002 年，北京恒基伟业公司对其新产品“记易宝”进行了大力的市场推广，投放了大量的广告，广告词是“精确记单词，就是忘不了”。巧合的是，山东禹王集团数年前推出的 3A 脑营养胶丸名字就叫“忘不了”，“精确记单词，就是忘不了”的广告词的大量投放唤起了人们对“忘不了”的记忆，大家纷纷去买“忘不了”3A 脑营养胶丸。禹王集团没花一分钱，没出一分力，轻松坐收了“记易宝”广告宣传的利益，这就是搭便车。

搭便车行为是指不付成本而坐享他人之利的投机行为，是指在一个共同利益体中，某人自觉或不自觉地白白享受他人成果的行为。生活中有很多这样的例子，比如街道卫生设施改造问题，虽然居民都会获益，但每个独立的住户都不愿出改造费，结果街道卫生设施就得不到改善。

在商业竞争上，厂商可以利用产品之间的相互联系去搭便车，获取收益，但需要仔细分析市场行情；而对于公共产品，政府应尽力避免“搭便车效应”。

【微经济 21】 要么接受，要么放弃

一家店里有一套三件售价 800 两银子的精美细致的古砚，一位富商看中了它，但觉得价格太高。富商要店主降价，店主不答应，他也不愿掏钱。这时店主慢悠悠地开口说："既然这样，你是没有看中我这套东西。我也不好意思再卖给别人。"说着，他随手拿起一件摔在了地上，富商见自己喜爱的古砚被摔碎了，急忙阻拦，问剩下的两件卖多少钱。店主仍要 800 两银子，富商又要求降价。店主并不答话，把另一件古砚摔在地上。富商心想只剩下一件了总该降价了吧。谁知店主说道："我这一件卖 1 000 两。"富商还在犹豫，店主又把最后一件古砚捧在手里。富商再也沉不住气了，出 1 000 两银子把那套残缺不全的古砚买走了。

这是一个讨价还价的博弈，店主拒不妥协的态度使富商只有两个选择：要么接受，要么放弃。而古砚不断被摔碎，对富商造成了很大的压力。可见，赢得博弈的关键有时是坚持。当然，这种拒不妥协的策略不总是适用的，有时它需要付出巨大的代价，所以要视情况而用。

【微经济 22】 刘备巧用外部利益免遭软禁

《三国演义》中，赤壁大战后，东吴要不回荆州，于是设计了一个骗局，想利用孙权招妹婿的机会软禁刘备，要挟其交还荆州。哪知刘备一方看破了这一点，到东吴便四处采买婚庆用品，到处散布刘备与孙权妹妹成亲之事，弄得天下皆知。并且通过乔国老把信息传递给孙权的母亲吴国太，结果吴国太因关心女儿名誉与终生幸福，不赞成孙权的做法，反而在甘露寺定下了孙刘两家的婚事。孙权的美人计弄假成真，刘备成功逃过一劫。

在这个故事中，刘备故意把声势造大，一旦婚事不成，刘备固然脸面无光，但是孙权不仅会遭到天下人嘲笑，还会背上寡廉鲜耻的名声。也就是说，刘备这样做对孙权的外部利益的损害大过自己的损失。而且，刘备还故意惊动了吴国太，使孙权的计谋大大受阻。这就是博弈中利用外部利益的例子，虽然双方的外部利益都受损了，但只要对手的外部利益受到更严重的损害，自己就有利可图。

【微经济 23】 柯伦泰进二退一的策略

柯伦泰曾出任前苏联驻挪威的全权贸易代表，并为购买鲱鱼的事跟挪威商人谈判。事前，挪威商人已经知道前苏联国内鲱鱼奇缺，于是想将鲱鱼卖个高价。可是谈判一开始，柯伦泰表示只能出一位数的价钱。这个价钱实在太低，挪威商人觉得太离谱。哪知，柯伦泰又进一步压低了价格，挪威商人忍不住想要发火。后来双方相互让步，但谈判仍然陷入了僵局。最后柯伦泰苦笑着说："我同意你们提出的价格，即使政府不批准，我也愿意用自己的工资来支付差额。不过只能分期付款，看样子可能要还一辈子债了。"最终，挪威商人将价格降低到了前苏联政府能接受的价格。

柯伦泰在谈判中所运用的策略，可以称为进二退一。也就是在开始阶段，提出十分苛刻、对方不可接受的要求，将矛盾和争议扩大化。然后，再退一小步，表示妥协，将次要的矛盾解决好，牺牲一些次要的利益，最后达成双赢。实际上，谈判者在这个过程中实现了最初设定的目标，最大化了自己的利益。

【微经济 24】 同时采取行动，破解人质困境

1945 年，德国牧师马丁·尼莫勒说："刚开始时，纳粹镇压共产主义者，我没说话，因为我不是共产主义者。然后，他们开始迫害犹太人，我也没说话，因为我不是犹太人。接着纳粹把矛头指向商业工会，我还是没说话，因为我不属于商业工会。当他们迫害天主教徒时，我仍然没说话，因为我是个新教教徒。后来他们开始镇压新教教徒……可那个时候，我周围的人已经被迫害得一个不剩，没有人能为新教说话了。"这是一个人质困境。如果在困境中有人想面对邪恶却明哲保身，最后也会成为受害者。

人质困境中，压迫者会采取特殊的措施，阻挠人们进行沟通与合作，可见，破解人质困境的关键在于大多数人同时采取行动。如今的互联网、警方的短信报警平台都为破解困境提供了方法，这些方式具有隐秘性，可以起到保护"行动者"的作用。如果在希特勒时代也有互联网，那么这位德国牧师也许就不会说这样的话了。

第 12 章

关注整体你会得到更多

【个体与整体】亚当·斯密说，我们的晚餐并非来自屠宰商、酿酒师和面包师的恩惠，而是来自他们对自身利益的关切。这是说理性经济人的自利行为能够导致社会利益增加，但现实生活中，万物相互联系，由于各种市场失灵因素的影响，个体的最优决策有可能使整体的利益受损。

1. 个体和集体利益的冲突

个体和集体的利益并不完全相同，多数情况下，个体并不考虑集体的利益变化，这就导致个体和集体之间的冲突。

【微经济 1】 当所有人都优秀时，优点就不再是优点

在《理智与感情》中，简·奥斯汀形容艾莉诺“身材尤其好”，形容她的妹妹玛丽安时说她“因为身高有优势，反而更动人”。正如奥斯汀在小说中写到的那样，妇女越高越能吸引别人注意力。因为高跟鞋不仅让妇女显得更高，而且凸显了女性美丽的曲线，所以虽然穿高跟鞋很痛苦，但妇女们依然喜欢穿高跟鞋。

可是，当所有女性都穿上高跟鞋之后，这种优势就扯平了，她们之间的相对身高恢复了原样，跟大家都不穿高跟鞋时一样了。如果妇女们能集体决定穿哪种鞋，估计所有的人都不会穿高跟鞋。可是，这一约定很容易被打破，总会有人想私自穿高跟鞋来获取优势，因为在其他人都遵守约定的情况下，某一个人穿高跟鞋是她的最优选择。

这个博弈理论同样可以解释为什么零售商会在节日到来之前很久就摆上节日装饰品，却不怕因此而减少其他商品的销售。

【微经济 2】 很多时候 1+1 并不等于 2

假设你在观看一场演唱会，坐在你前面的观众个子很高，挡住了你的视线。这个时候你会试图站起来观看以获得更佳视野。站起来观看这种行为对你是有利的。但如果演唱会现场的每个人都如此，认为站起来观看会更利于自己的话，那么所有人都站了起来。然而就在这时，所有人本来想得到的更佳视野一齐消失了，取之而来的是站立所带来的疲惫。有利的一件事，如果每个人都去做，不见得对每个人都有利。

站起来明智吗

对一个人有利的一件事，如果每个人都去做，不见得对每个人都有利。这里所涉及的就是萨缪尔森提出的合成谬误，即对局部来说是对的东西，仅仅由于它对局部而言是对的，便说它对总体而言也是对的。

【微经济 3】 AA 制使人们在餐馆花费更多的钱

我们先算一笔账，情景是 5 个朋友聚餐，事先约好 AA 制。假设其中一个人吃比萨标准大小的比萨价格是 30 元，加大的价格是 40 元，并假设加大的比萨给人带来的好处比标准大小的多 5 元。倘若是他自己吃，他一定会点标准的，因为额外的 5 元收益抵不上额外的 10 元成本。但现在是 AA 制，那么他点加大的比萨只需要多花 2 元钱，小于额外收益，所以他一定会点加大的比萨。

在经济学家看来，这个人的行为是无效率的，因为他的净收益 3 元比其他人的净损失 8 元要少，他的理性行为是点标准大小的比萨。可见，AA 制会让大家整体多花钱，使经济生活变得低效率。可是，虽然 AA 制无效率，但它一定会存在，若是不想多花钱，下次你可以约束自己“点标准大小的比萨”。

【微经济 4】 南行道发生了事故，为什么北行道也堵车

要是高速公路的南行道发生了一起事故，那么一定会堵车，而为什么北行道也会堵车呢？这就是个人决策和集体决策的冲突，个人没有考虑到集体的成本和收益。

到达事故现场以后，往北走的司机会估计一下成本效益。他们观察事故现场的成本只是减速慢行耽误几秒钟，而收益则是满足了自己的好奇心。对大多数司机来说，收益大于成本。然而，一个人耽误几秒钟，会让后面的成百上千辆车都耽误几秒钟，累积起来，还可能让每一名司机都耽搁一个多小时。

绝大多数司机都不愿意为了看一眼事故现场而耽误一个小时，如果司机们能集体商量决定的话，他们肯定不会放慢速度。但由于司机是一个接一个地到达事故现场的，所以大多数司机会选择支付好奇心带来的成本、放慢速度。

【微经济 5】 “公地悲剧”损人又害己

经济学上有一个著名的集体困境“公地悲剧”，说的是一群牧民在一块公

共草地上放牧，每个牧民都想多养一只羊来增加个人收益。虽然他们都知道，随着草场上羊的数量慢慢增加，草场的质量也会下降。但考虑到草场退化的代价由大家共同负担，因此，从个人利益出发，每人都会多养羊以获取收益。于是，“公地悲剧”就上演了——草场持续退化，直至无法养羊，最终导致所有牧民破产。

很多决策中，人们会优先关注自己所得，而忽视公共利益。但实际上，人们如此决策时，不仅损害集体利益，而且损害个人长期利益。所以，我们做决策时，不妨公益一些，这样对大家都有利，个人长期利益也能得到保护。

【微经济6】 负外部性效应，坏的总是停不下来

经济学教材中有这样的例子：在一片居民区附近有一家工厂，该厂每天排放大量烟尘，这使得居民们晾晒在外面的衣服都会变得很脏，而如果不晾在外面，衣服又不容易干。工厂排放的烟尘使附近居民受到了损失，这就是负外部效应。负外部性效应指的是，在实际经济活动中，生产者或者消费者的活动对其他生产者或消费者带来的负面的非市场性影响。不遵守交通秩序，在公共休息、学习或工作场所制造噪声，不爱护公共设施（如践踏花园、草地），环境污染，过度开发自然资源（如过度放牧、竭泽而渔、大规模砍伐森林）等是负外部性效应的典型例子。

在负外部性效应存在的情况下，产生负面效应的一方通常没有动机去消除它，因为消除的成本往往大于其收益。而另一方面，对于承受负面效应的一方来说，消除它的收益较大。这时，可由政府出面解决，比如对工厂进行排污限制或对排污收费。

【微经济7】 正外部性效应，好事总是没人做

与负外部性效应相反，若是经济主体的活动对其他经济主体带来的非市场性影响是积极的、有利的，那么就产生了正外部效应。比如某个养蜂人在一个果园旁边居住，养蜂人的到来增加了果园的产量，反过来果园的扩大又会增加养蜂人的收益。

正外部性效应会使得生产出的产品供给不足，因为个人或厂商在决定生产多少时，只考虑自己获得的收益，而不考虑是否会给别人带来好处。这样，

具有正外部性的产品生产，其私人收益就低于社会收益，个人或厂商就没有足够的动机去生产足够的产品。

对于正外部性效应，政府可按该物品或服务的外部边际收益的大小发放财政补贴，以此将补贴物品或服务的私人边际收益提高到与社会边际收益相一致的水平，这样，个人或厂商就会生产出足够多的产品。

2. 个体和群体如何决策

个体和群体决策的主观、客观因素都大不相同，两者的适用范围、优劣性也大不相同，所以要依情况采取不同的决策规则。

【微经济 8】 如何运用乐观决策法

小王打算购买 A 股票，公司经营状况为好、中、差时，有大批、中批、小批购买三种选择，下表是小王分析 A 股票时做出的收益选择表：

	收益/万元			
	经营好	经营一般	经营差	最大收益
大批购买	13	11	−3	13
中批购买	9	7	3	9
小批购买	6	5	4	6
最大收益中的最大值				13
拟采用方案				大批购买

小王在分析购买多少 A 股票时用的是乐观决策法。在上述三种方案中，各方案的最大收益值分别为 13、9、6 万元，最大收益中的最大值是 13 万元，所以小王选择与 13 万元对应的大批购买方案。

决策者对未来持乐观的态度，认为未来会出现最好的状态，所以选择能获取最大收益的方案，这就是乐观决策法。由于最大收益常常伴随着最大风险，所以按这种方法决策的人需要有较强的风险承受能力，而不是盲目冒险。

【微经济 9】收益小、风险也小的悲观决策法

某公司计划生产一种新产品，其市场需求量可能是需求量高、需求量一般、需求量低三种情况，产品策划部也提出了新建生产线、改建生产线、外包生产三种方案。其预期损益表如下所示：

	收益/万元			
	需求量高	需求量一般	需求量低	最小收益
新建生产线	300	200	－100	－100
改建生产线	200	120	－60	－60
外包生产	100	80	60	60
最小收益中的最大值				60
拟采用方案				外包生产

这个案例中，公司采取了悲观决策法，选择了外包生产。因为三种方案的最小收益分别是－100、－60、60 万元，而最小收益里的最大值是 60 万元，其对应的方案是外包生产。采用悲观决策法的决策者认为事情会向最坏的一面发展，因而选择最坏状况下能使其获得最大收益的方案。这种选择方法不会让决策者遭受巨大的损失，却也不会使其获得最大的收益，所以，采用这种决策方法时要三思而后行，不要后悔。

【微经济 10】不断变化和固定不变都不可取

从前周国有个想当官总当不上的人，年纪大了头发白了，在路边哭泣。路过的人就上前问他原因。老人一边哭一边说自己求官一辈子也没当上官，现在年纪大了没有机会了，所以就伤心哭泣。路人又问及求官失败的原因，老人回答说："我年少的时候，学好了道德文章，去求官，国王喜欢用年老的人。用老人的国王死了，新的国王又喜欢用武将。等我兵法武功学好了，用武将的国王又死了。现在的国王刚刚登基，喜欢用年轻人，我又老了，就这样没当成一次官。"

故事中的老人的决策方法是典型的相机决策法，即个体行为随时根据外部情况的变化而变化，外部环境的刺激一出现，个体随即产生相应的反应。

与它对应的另一个极端是规则决策法，即无论外界怎么改变个体行为都不变，外界的变化对行为不产生任何影响。

显而易见，这两种极端的决策方法都不适用于复杂多变的现实环境，对于个体决策来说，我们要将这两种方法结合起来，就是给自己一定的“规则”，既要有目标规划，也要懂得灵活变通。

【微经济 11】 少数服从多数的法则不一定会得出让所有人都满意的结果

有三位好朋友，分别来自中国、日本和美国。久别重逢，三人非常高兴，决定一起吃饭叙旧。然而，不同的文化背景导致了他们不同的饮食习惯为了达成一致他们决定投票来确定餐厅风味。其中，三人对各种美食的喜爱程度由高到低排列如下：

中国人：中餐、西餐、日餐

日本人：日餐、中餐、西餐

美国人：西餐、日餐、中餐

如果用民主的多数表决方式，那么就可以得到以下表决结果：

在中餐和西餐中选择，中餐两票，西餐一票；中餐胜于西餐；

在西餐和日餐中选择，西餐两票，日餐一票；西餐胜于日餐；

在中餐和日餐中选择，日餐两票，中餐一票；日餐胜于中餐。

最终统计，三人的投票结果是：中餐胜于西餐，西餐胜于日餐，日餐胜于中餐。三人还是无法确定到哪个餐厅吃饭。

【微经济 12】 有时候群体决策可能会有更大的风险

在一次通用汽车公司的董事会议上，有位董事提出了一项建议，很快就得到了其他董事的支持。当大部分人都纷纷表示赞同时，主持会议的董事长艾尔弗雷德·斯隆并没有立即同意，而是提议依序表决。这次，依然是大多数人都赞成，而轮到斯隆时，他却说要将议案推迟到下个月决定，原因是：“我个人并不同意诸位刚才的讨论方式——大家都把自己封闭在同一个思考模式里了。”所以，他希望大家能冷静地从各方面研究这项决议之后再做决定。一个月之后，这项议案被董事会否决掉了。

在一项群体决策中，如果异议很少，那么就可能没有人质疑“有没有可能在哪儿做错了”。这样，最终的决策反而可能会有更大的风险，这就是群体思维陷阱。群体思维陷阱会让持反对意见的人保持沉默，而持同意意见的人越来越相信自己的判断。所以，一个理智的决策者在利用群体思维进行辅助决策时，应该更清醒、更稳重，并且有勇气在关键时刻站出来投反对票。

【微经济 13】 鸡和鲸鱼的悖论

世界上吃鸡肉的人很多，而吃鲸鱼肉的人很少，人们为什么不担心鸡会灭亡，反而担心鲸鱼会从地球消失呢?

不担心鸡会灭亡是因为几乎世界上所有的鸡都是私人拥有的；而鲸是公共物品，它具有竞争性却不具有排他性，即所有的捕捞都会使鲸越来越少，但你却很难阻止别人去捕捞它，所以它的下场就如“公地悲剧”寓言描述的，被过度使用直到最终消亡。

解决的办法有向捕鲸者征税、立法限制捕鲸数额、拍卖可交易的捕鲸许可证等，但是最好的办法就是直接给鲸确立产权（比如把世界上的公海像分田地一样分给各个国家，哪个国家的海里的鲸就是哪国的）。这样有两个好处：第一，鲸的主人会自发阻止别人过度捕捞；第二，人们会设法生产更多的鲸供给到世界市场上。

3. 细微的力量是巨变的开始

> 道生一，一生二，二生三，三生万物。
>
> ——老子

【微经济 14】 情绪坏时要克制自己，防止踢猫

某董事长对自己要求甚严，拒绝迟到。有一天他为了不迟到，在公路上超速驾驶，结果被警察开了罚单，最后还是误了时间。这位老董非常愤怒，到办公室时，将销售经理叫到办公室训斥了一番。销售经理挨训之后，将秘书叫到自己的办公室并对他挑剔一番。秘书无缘无故被人挑剔，一肚子气，就故意找接线员的茬。接线员没地方撒气，回家后就对着自己的儿子大发雷

霆。儿子莫名其妙地被父亲痛斥，也很恼火，便对自己家里的猫狠狠地踢了一脚。可见，坏情绪是可以传染的，这就叫“踢猫效应”。

如今，随着生活节奏越来越快，我们也越来越容易产生坏的情绪、想发泄出去，这时，我们就会将坏情绪传染给他人。可是，愤怒会对人造成伤害，于己于人都不是什么好事，要想过得开心，我们需要正确对待错误，有效控制情绪。

【微经济 15】 微博中的乘数效应

从 2010 年起，越来越多的人开始使用微博发布信息，以进行商业营销或号召参与公益事业等，甚至政府机关也开始使用微博发布消息、接受监督。微博之所以会如此火暴，与乘数效应不无关系。

所谓乘数效应，是指经济活动中一个经济变量的变动，对其他经济变量产生数倍放大的变化与影响。由于微博所发布的内容具有简短、精练、引人注目的特点，它通常能被微博用户在第一时间转发，如此一传十、十传百，微博信息便迅速传播开来。这就是乘数效应的巨大连锁反应效果。

【微经济 16】 多一根稻草就会压垮骆驼

在一个小村落外有一个小池塘，村里的人取水、洗衣服、小孩子洗澡都依靠那个池塘。池塘里面有一小片荷花自由生长，人们都认为，这一小片荷花不可能完全覆盖池塘。然而有一天，一点污水流进池塘里面，恰巧污水里含有促进荷花生长的成分，使得荷花的生长速度大大加快，荷叶的数目每天增加一倍。在前 28 天，根本没人发觉池塘中的变化，到第 29 天，村里的人才注意到池塘的一半突然充满了荷叶，他们开始担心，但已无能为力。第二天早上，整个水面都布满了荷叶。

哲学上说，事物之间都是相互关联和相互影响的。正是因为事物之间是相互联系的，所以它们组成的系统也是在不断变化之中，并有其变化的临界点，过了临界点，系统就会发生突变。故事中的第 28 天就是一个临界点，“压垮骆驼的是最后一根稻草”说的也是这个意思。所以，在面对现实问题时，我们需要时刻注意人与人、事与事之间的相互影响及其细微的量变，以防发生突变。

【微经济17】 多米诺骨牌效应，不能忽视细微的力量

有一个人旅游到了一个村子，看到每条街道都脏乱不堪，卫生非常差，于是没待多久就走了。走之前，他看到一个可爱的小女孩，就送了一条漂亮的裙子给女孩。

小女孩洗完澡、梳完头以后穿上了裙子，非常漂亮。可是家里实在太脏了，小女孩的双手和裙子没多久就变得脏兮兮的了，于是父母一起好好地打扫了家里，整个家变得十分干净整洁。但是这样做之后，过道里的垃圾又让人觉得十分别扭，于是他们把过道也打扫了，并开始注意保持卫生。不久，女孩的邻居发现隔壁家太好了，而自己家太脏，于是他们也把屋里屋外都打扫了一遍，并开始注意保持卫生……后来，那位旅游者回来的时候，他发现整个村子都变得干干净净，村民们也都穿着整洁的衣裳。

这就是多米诺骨牌效应的应用，该原理也同样适用于其他生活领域，比如，一个人若能坚持每日读书，他必将成为一个博学之才。千万不要轻视了细微的力量，只要能坚持，一丝一毫的力量也能积累成最后的成功。

【微经济18】 各个击破，小处开始方可获得更多

在阿拉伯流传着这样一个故事：流浪汉抱着一块石头，敲开了一户富人的门，请求女主人借给他一口锅，煮一下“石头汤”喝。女主人对石头汤很好奇，于是答应借给他锅。当锅里的水烧开以后，流浪汉又请求女主人再给他一点点盐，女主人无法拒绝这么简单的请求。之后，流浪汉尝了一下汤，告诉女主人，如果加“少许”胡椒粉，汤就不会美中不足了，女主人于是给了他胡椒粉。最后，流浪汉再一次请求女主人给这个汤加一点“微不足道”的肉末，因为“这会使这神奇的石头汤的味道更加鲜美”。汤煮好了，流浪汉把锅里的石头捞出来丢到一旁，邀请女主人和他一起享用锅里的肉汤。

这个故事说明了各个击破的道理，如果从小的请求开始，逐个提出要求，可以让被要求者答应本来不想答应的事情。就像拉手风琴时每一个折叠都会带动邻近的折叠一样，逐步解决问题或者是逐个击破博弈对手，是很有效的。

【微经济19】 对的建议也需要适可而止

有一户人家喂养了一只猫，并给它起了个威武的名字：虎猫。这天，来

了一个客人，谈论起这只猫，客人说龙可以在天空行走，比虎更神奇，不如改名龙猫。主人认为很好，照此办理。第二天，家里又来了个客人，觉得龙猫不如云猫好，因为龙升天需要浮云，主人遂改名。第三位客人认为云会被风吹散，该叫风猫；第四位客人又觉得风会被墙挡住，因此该叫墙猫；而一位邻居却说老鼠会在墙上打洞，之后墙就会倒塌，所以该叫鼠猫。

上面这个故事告诉我们，如果各个选择之间未经协调，那它们就会相互影响，每个人所认为的最优选择最终反而会导致所有人都感到遗憾的结果。这种结果出现的原因是：单就个案逐一进行决策，会导致忽略每个选择之间的联系性，不能从总体上分析问题。决策者应该一开始就避免这种情况，事先就从总体看问题，注意个案决策的联系性。

【微经济 20】只要合理运用，不好的也会变成好的

齐国大将田忌与齐威王赛马，规则是双方各出三匹马，一对一比赛三场。两人的三匹马按实力都可以分为上、中、下三等，但齐威王的上、中、下三匹马分别比田忌的上、中、下三匹马更胜一筹，因为总是同级的马进行比赛，所以田忌连输三场。后来田忌的谋士孙膑出了个主意，让田忌先用自己的下等马去对齐威王的上等马，再用上等马对齐威王的中等马，最后用中等马对齐威王的下等马，这样田忌以二胜一负胜了齐威王，赢了千金。

这个故事说明的是如何在约束条件下通过资源的合理配置使效益达到最大。生活中，我们的资源是有限的，也生活在一个充满限制的世界，比如工资限制了我们的消费。这时，我们需做的就是像孙膑一样，尽量合理配置自己有限的资源，实现自身利益最大化。

【微经济 21】及时修补你的“破窗”吧

生活中，我们有时不自觉地“破罐子破摔”：

一份工作做得不太好，没有达到自己的目标。这时，你可能觉得既然已经如此，再坏一点儿也坏不到哪里去，于是工作越来越不差。你与一个朋友的关系出现了裂痕，开始对他恶语相加。很快，你发现既然这样的话都说了，那么其他的话也可以说，用不着再考虑什么后果了。

我们这种“破罐子破摔”的心态其实就是“破窗效应”的表现。“破窗效

应”说的是：如果有人打破了一栋楼的一扇窗户，户主没有及时修理，那么，就会有更多的人受到暗示去打破更多的窗户。我们很容易产生自暴自弃的念头并表现在行动上，然而这会导致恶性循环，而及时修补打破的窗户是使人们保持积极健康的必要措施。所以，当产生了错误的心理或行为时，我们需要及时改正，避免“破窗效应”。

第13章

幸福在哪里

【提高幸福指数】美国经济学家萨缪尔森提出了一个幸福方程式：幸福指数=效用/欲望。而效用和欲望均为主观感受，所以，要想幸福，就要善于发现更多的幸福因子。你觉得幸福时，那就幸福了。这正如亚里士多德所说，幸福来源于我们自己。

1. 选择带来痛苦

> 棋手不是在寻求“最佳”走法，只需寻求“好的”走法。
>
> ——赫伯特·西蒙

【微经济 1】 笨驴效应，是机会，还是陷阱

丹麦哲学家布里丹讲过一则寓言：有头毛驴，在荒芜的草原上好不容易找到了两堆草，一堆是数量较多的干草料，另一堆是数量较少的鲜草料。由于不知道先吃哪一堆好，结果在无限的选择和徘徊中饿死了。后来人们就把决策过程中这种犹豫不定的现象称为“笨驴效应”。

后来人们做过一个实验——计算机显示了三扇门，每点击一扇门，就会获得不定金额的奖励，但若换一扇门，就会扣除一些金额。实验结果显示，所有人都不停打开各个门，不忍放弃机会，总认为另一个门后面的奖励可能会更大。事实上，如果专注在一个门上，收益是最大的。

实际上，人类虽不至于像头笨驴一样饿死，但在日益繁多的选择之中，往往不知所措，或是没有选择最好的方案使收益最大化。我们不应犹豫于多个选择，而应在真正重要的事情上努力，必要的时候要舍弃一些利益，理性地扔掉没有价值的机会。

【微经济 2】 拥有更多的选择，你未必就幸福

你喜欢自由地选择自己的行为吗？那好吧，想想看：当你第一次去一家饭馆时，服务员给你呈上了厚厚一本菜单。顿时你会感到很有压力，不知道该在这各式菜品中如何选择。而当你去一家很有名的面馆要点一碗招牌牛肉面时，相比起来就会轻松很多。

每个人都被赋予选择的权力和自由。如果没有选项可选，你会十分窘迫；可如果有太多选项供你选择，你就会变得迷茫起来。如果人们面对很多选项严格按照理性去做最优选择的话，那么这个选择的过程往往变得十分艰难。

实际上人生常常面临那种太多选择造成的压力和痛苦。

笨驴的选择

这就是“笨驴效应”，在日益繁多的选择之中，人们往往不知所措，或是没有选择最好的方案使收益最大化。我们不应该犹豫于多个选择，必要的时候，要舍弃一些利益，理性地扔掉一些机会。

在这种时候，我们需要放松心态，把一些事情交给“机缘巧合”。当我们作出次优选择而对此感到满足的时候，要比反复权衡之后依然得不到自己想要的选择的完美主义者幸福得多。

【微经济 3】 在线交易淡化你的痛苦，让你多花钱

在没有确定的购买计划时，如果你花一个小时逛商场，可能一无所获。在同样的情况下，如果你花一小时时间浏览淘宝网等在线购物网站，你可能已经下了好几份订单高高兴兴等着收货了。而货物一到，你又常常后悔买了这么多无用的东西，浪费了这么多钱。

同样是购物，拿出现金付账、刷卡付账和在线点击就可以完成交易这三种方式给人的感受是不一样的。现金付账让人每掏一次腰包就承受一次痛苦；刷卡付账大大减轻了付款时的痛苦；而在线交易更加淡化了钱的概念，钱似乎变得不值钱，人们也极少对在线交易感到痛苦。然而，正是痛苦的第一种付款方式让你对于交易格外谨慎，反复思量将要购买的商品是不是自己真正需要的。而网购交易的轻松以及网上眼花缭乱的各种折扣促销让人迷失其中、会不假思索地买许多完全不需要的东西，当时觉得占了便宜，后来后悔也来不及了。

【微经济 4】 宁愿多花钱，也不愿多次痛苦

假设你将要去台湾地区旅游，某旅行社给了你两种缴费方案：

第一种：一次性缴费 1 万元，包括往返机票、景点门票、吃住的费用等全部费用；

第二种：各种费用分开缴纳，先交往返机票的费用，到目的地后遇到各种收费项目的时候再缴费，共计 1 万元。

如果考虑钱的时间价值，第二种缴费方案显然更合算。然而绝大多数人会选择第一种方案，因为这样在游玩的时候可以不再想掏腰包的事情。毕竟掏钱的那一刻人的内心是痛苦的，大多数人宁愿这种痛苦的时刻越少越好，免得扫了旅行的兴致。国美苏宁等电器商场在过去的几年中推出了一些分期付款的优惠活动，但对国人来说，这些优惠活动与直接打折扣比，吸引力要差很多。毕竟买电器不像买房买车，大多数人是可以一次性付款的，不会为了那么一点优惠而承受多次付款的折磨。

【微经济5】不断劝说自己，克制冲动消费

一位经济学家在超市里看见一个女人带着三岁大的小女孩在购物，小女孩在购物车里。当经过糕饼部时，孩子要曲奇饼，妈妈不买。孩子马上哼哼唧唧，妈妈却平静地说："好了好了，莫尼卡，再过一半的路程就到了，不要不开心。"她们走到糖果部，孩子又要糖果，妈妈又拒绝了，孩子哭了起来。妈妈说："快了快了，莫尼卡，别哭了，马上就到出口了。"终于来到了收款台，孩子又吵着要口香糖，妈妈再次拒绝，孩子这次大哭起来。妈妈平心静气地说："莫尼卡，再等几分钟，你马上就到家了，然后就可以睡个好觉。"出超市后，经济学家称赞那位妈妈对小莫尼卡有耐心，她却回答道："哦，我是莫尼卡，我女儿叫莉莉。"原来，这位女士是一位冲动型消费者，她是在用自言自语克服自己的消费欲望。

大多数情况下，我们对消费都有种莫名的冲动，这时不妨学学莫尼卡，不断劝说、安慰自己，有意识地控制自己的消费欲望。

【微经济6】是否逃离北上广，恩格尔系数来决定

"逃离北上广"在如今是一个很时髦的口号。一方面，北上广这样的大城市竞争激烈，压力太大；另一方面，这些城市的物价尤其是房价实在太贵。但很多人也犹豫着，因为中小城市固然物价低但工资也低，该如何决定呢?当然要考虑幸福指数。我们可以利用经济学的恩格尔系数来测算一下两种城市的生活质量，然后决定是留在小城市还是闯荡大城市。

恩格尔系数是食品支出总额占个人消费支出总额的比重，其支撑是恩格尔定律：一个家庭越贫穷，收入中（或总支出中）用来购买食物的支出所占的比例就越大，随着家庭收入的增加，收入中（或总支出中）用来购买食物的支出的比例则会下降。考虑到如今买房或租房的支出占的比重较大，我们可以将每月的房租或买房首付的房钱和按揭还贷的钱加到食物支出上，计算它们占个人总支出的比例，以此来比较大城市和中小城市的生活质量和富裕程度。此外，人脉、朋友、机会这些成本也是需要考虑的因素。

2. 身处困境的幸福哲学

幸福是我们自己的，多给自己一些正面暗示，多产生正面情绪，那么，即使在困境中，你也能发现别人发现不了的幸福。

【微经济7】 有心栽花花不开，无心插柳柳成阴

管理大师梅菲有一次赶稿，写了一些之后，觉得不满意，就将纸揉烂了往窗外扔，纸却打在了窗框上。他有些懊恼，又捡起来瞄准窗框扔，这一次纸团竟然飞出了窗外。他由此归纳出一条定律：凡事好像罚点球，平时怎么踢怎么中，但关键时刻就是不进球。这就是梅菲定律，也可以说是“有心栽花花不开，无心插柳柳成阴”。

生活中，这种事情经常发生。比如，早上出门时阳光明媚，没有带伞，心想可别下雨，下雨就糟了，结果偏偏就下雨了；上学时，不会做黑板上的题，于是暗暗祈祷老师不要叫到自己，结果偏偏听到了自己的名字；还有生意场上你看准了个盈利项目，却赔得一塌糊涂，你不看好的项目却常常有了翻倍的利润。

梅菲定律告诉我们，有时我们专门设定的目标往往达不到，但不必懊恼，回头看看，说不定有其他你没想得到的结果落在了你身上。

【微经济8】 如果你手上有个酸柠檬，就做杯可口的柠檬汁

从前有一位美国农夫在努力工作多年后，终于花了多年的积蓄买了一块田地。可是积蓄还是太少，所以田地也不肥沃，他甚至有些失望——这块地太贫瘠了，除了一些矮灌木和响尾蛇，什么东西都无法存活。为了生存，农夫想了一个办法，他开始捕捉地上的响尾蛇，并买来机器加工制造响尾蛇肉罐头。渐渐地，他的生意做大了，又开始进行响尾蛇的深加工，将蛇毒液送去制作血清、蛇皮用来生产鞋和皮包、蛇肉罐头卖到世界各地，人们都以这位农夫为榜样。

就像西尔斯百货公司前总裁罗森华所说的那样——你手上如果有一个酸柠檬，就做杯可口的柠檬汁吧，柠檬汁可以卖更多的钱。那位农夫就做好了

自己的柠檬汁。学会将手上的酸柠檬变为柠檬汁，用乐观的态度面对挫折，善于发现资源的价值，你就会找到通往幸福的道路。

【微经济 9】克服自卑与近视，你其实不需要改变

一个美国在华女投资人说过这样一番话：美国人吃香蕉是从尾巴上剥，中国人总是从尖头上剥，差别很大，但没有谁一定要改变谁的必要。

公务员考试中有一道懒惰者和勤勉者养金鱼的问题。题目说：勤勉者可能每天换一次水，懒惰者可能一月一换水。只是如果突然改变换水的习惯，变一天为一月，或变一月为一天，金鱼都暴毙。勤勉者据此得出结论：金鱼必须一天一换水；懒惰者得出完全相反的结论：金鱼只能一月一换水。这和香蕉从两头都可以吃是一样的道理，只要是合理的，就没必要改变。

生活中，很多人都急于改变，这其实是出于自卑与短视。如果觉得需要改变，我们不妨想一想它是不是一个“剥香蕉”问题，如果是，那么既然香蕉可以从两头吃，这种改变也就没有必要。

【微经济 10】挫折其实是常态，顺利才是例外

荣获日本日产汽车 16 年销售冠军的奥城良治，坚持每日访问 100 个潜在客户，永不惧怕客户拒绝，据说这主要得自他童年宝贵的启示。童年时，有一次在田埂间看到一只瞪眼的青蛙，奥城良治调皮地向青蛙的眼睑撒了一泡尿，却发现青蛙的眼睑没有闭起来、还一直张眼瞪着。长大后，奥城良治将这段童年经验运用在遭遇拒绝上，将客户的拒绝看成撒在青蛙眼睑上的尿。他让自己学会逆来顺受，张眼面对客户，毫不惊慌失措，这就是他的“青蛙法则”。

奥城良治的青蛙法则不只是能成功地应用于销售行业，对我们日常生活也有很大启示。不管是学习还是工作，我们总会遇到这样那样的挫折，因为人生不如意十之八九，挫折其实是常态，顺利才是例外。只要我们敢于面对挫折，经历过挫折后能重新站起来并勇敢走出困境，我们就一定会成功。

【微经济 11】蘑菇式管理对你的好处

惠普公司的前 CEO 卡莉・费奥丽娜从斯坦福大学毕业以后，第一份工作

是在一家地产经纪公司做接线员，她每天的工作就是接电话、打字、复印、整理文件。但她毫无怨言，在简单的工作中积极学习。一次偶然的机会，几个经纪人问她是否愿意干点别的，于是她得到了一次撰写文稿的机会，她的人生也从此改变。

卡莉·费奥丽娜的经历其实符合了蘑菇定律，所谓的蘑菇定律是指那些刚刚进入职场的年轻人，他们常常被置于阴暗的角落（不受重视的部门，或干一些打杂跑腿的活），还要被浇上大粪（无端的批评、指责并代人受过），得不到必要的指导和提携，处于自生自灭的过程中。

很多人抱怨自己遭到冷遇，但实际上，蘑菇定律可以让新人消除不切实际的幻想，让他们快速融入工作中、社会中，也使他们变得谦虚，避免骄傲。若是职场上你被冷落了，不妨大声告诉自己："这是在对我进行蘑菇式管理，是对我好，我一定能成功。"

【微经济12】 西餐的全餐需要选择性地吃

苏里请他的女朋友吃西餐全餐。开胃小菜上来了，她几口就吃光了；汤上来了，她觉得美味无比，不一会儿汤碗就见底了；色拉上来了，她一口吞下；终于，主菜的前菜上来了，她却只能慢慢吃了，结果只吃了一半；等主菜正盘上来时，她只能摸着胸口喘喘气说："太饱了，吃不下了。"

王逸也请女朋友吃饭，同样是西餐全餐。但女朋友每样都只吃一点，并且只挑自己喜欢的吃，于是，主菜上来时她胃口依然很好，最后一道甜点和餐后的美酒上来时，她也一一仔细品味了。临走时还微笑着说："谢谢！"

相比之下，王逸的女朋友更懂得如何选择、更优雅。人生就如一场宴席，如果你不想留下遗憾，就要懂得选择，而不是盲目向前冲，并且还要有选择的智慧。一个懂得选择的人会关注自己的心灵、了解自己的需求、直面现实，而不会过分在意别人设定的框架，不会仅仅是循规蹈矩。

3. 怎样给别人带来幸福

> 幸福就像香水，不是泼在别人身上，而是洒在自己身上。
>
> ——拉尔夫·沃尔多·爱默生

【微经济 13】好消息要分开说

假设你有两种得到奖金的机会：

方案一，一次性获得 500 元；

方案二，先获得 300 元，过一阵子再获得 200 元；

你会选择哪种？从会计的角度看，两种选择本质上没有差别，最终你得到的都是 500 元。实验结果显示，大部分人选择了方案二。根据行为经济学家提出的心理账户原则，在这个例子中，一次性获得的奖金只存在于一个心理账户中，而分两次获得的奖金是分别分配到两个账户中的。因为这些心理账户的标签是相同的，所以金钱在这几个账户中的价值尺度也是相同的。但由于存在敏感度递减效应，一个账户里的 500 元钱的心理价值量是少于两个账户里的 300 元钱和 200 元钱之和的。也就是说，人们之所以更多地选择分开获得 500 元钱，是因为它能给人们带来更多快乐。

所以，如果你有几个好的消息，应该把它们分开公布。比如，给人送两件以上生日礼物时，不要把所有礼物放在一个盒子里，应该分开包装，这样主人会更加高兴。这就是泰勒四原则之一：好消息要分开说。

【微经济 14】坏消息要一起说

假设你不小心丢了钱，以下两种情况你会选择哪种：一下子丢了 100 元钱；先丢了 70 元钱，不久之后又丢了 30 元钱。

从会计角度看，两种选择结果其实是一样的，你都丢了 100 元钱。但实际上，大部分人选择了将这 100 元钱一次丢掉。还是用心理账户来解释，一次丢失的钱分配到了一个心理账户，而分两次丢失的 100 元钱被分配到了两个心理账户。根据敏感度递减效应，一个账户里 100 元的心理价值量是少于两个账户里的 70 元和 30 元之和的。因而，100 元钱一次性丢失带来的痛苦比分开丢失要小一些。

所以，如果你有几个坏消息，应该把它们一起公布。比如，收取费用时务必一次收齐并留有余地，若有额外开支而导致一次次增收，虽然数量不多，对方仍会满腹牢骚。当有几个坏消息时，也要敢于一次说完，否则，听者会更加“怒发冲冠”。这就是泰勒四原则之二：坏消息要一起说。

【微经济 15】好消息和坏消息都有，该如何说？

生活中我们经常纠结于这样一个问题：有一个好消息和一个坏消息，我们该如何告诉别人才能让对方更快乐。下面这两个原则可以告诉我们一些说话的艺术。

如果你有一个大大的坏消息和一个小小的好消息，应该分别公布这两个消息。若是一起说，那个小小的好消息就会被忽略掉，人们会过多地关注那个大的坏消息，增加自身痛苦。若是分开说，好消息带来的快乐不至于被坏消息带来的痛苦所淹没，人们还是可以享受好消息带来的快乐。

如果你有一个大大的好消息和一个小小的坏消息，应该把这两个消息一起告诉别人。这样的话，坏消息带来的痛苦会被好消息带来的快乐所冲淡，负面效应也就少得多。而分开告诉别人的时候，坏消息带来的打击会增大很多。

这就是泰勒四原则的另外两个：小好大坏分开说；大好小坏一起说。

【微经济 16】好事早说比晚说好

行为经济学家勒文施泰因教授曾做过这样一个实验：

教授告诉一组大学生，过一会儿他们有机会得到自己最喜爱的电影明星的一个吻，而告诉另一组大学生他们一周后有机会得到这样一个吻。结果显示，后一组学生的满足程度高于前一组，因为他们每天都在期盼那个美好的时刻，每天都会想象那个场景，就好像那个自己喜爱的明星已经吻过自己好多次一样。

这就是如何变快乐的原则之一：好事早说比晚说好。要送给别人礼物或者要给某人奖励时，应该让他们好好享受一下期待的过程，期待往往能给人们带来更大的快乐。在这个过程中，别人能得到持久的心理满足，你的奖励或礼物也会随着时间不断增值。

【微经济 17】坏事晚说比早说好

小兔子长蛀牙了，兔子妈妈打算带小兔子到兔子医院去拔牙，预约之后兔子医生告诉他们一个月之后去。于是兔子妈妈告诉了小兔子一个月后要去拔牙。哪知小兔子害怕得要命，这一个月里，天天数着日历，连吃胡萝卜的时候都没以前开心了。到拔牙的那天，小兔子已经被拔牙的恐怖折磨坏了，到医院的时候直发抖，它觉得自己好像被拔了好多次牙。

人也和小兔子一样。对坏事情的等待过程是最折磨人的，猜测和恐慌会加重人们的心理压力。有时，压垮人们的不是坏事本身，而是人们对它的恐惧和担忧。这也是为什么当预测经济形势不好时股市崩盘的原因。所以说，对于不可避免的坏事应该晚点说，早说了只会增加痛苦。

【微经济18】送礼就送“小而贵”的东西

过年了，小王分别给两个朋友送了礼物，一个是价值400元的羊绒围巾，一个是价值600元的羊毛大衣。他本以为大衣更贵，收到大衣的朋友也会更高兴，可是后来才知道，结果刚好相反。小王很纳闷，就问了另一个学经济的朋友。朋友告诉他，他没区分每种东西的所属范畴。围巾属于比较便宜的范畴，而大衣则属于比较贵的范畴；所以，400元的围巾是围巾中比较高档的，而600元的大衣在大衣这个范畴中比较便宜，并不高档。

明白了送礼之道，你不应该仅仅关注礼物的绝对价格，而应该更多关注这个礼物在它所属的类别里面是不是昂贵的。一般来说，在一个不太昂贵的礼物类别里面选择一个最好的当做礼物才会显得既大方又有礼，这就叫做“大中取小不如小中取大”。

【微经济19】送别人想要却又舍不得买的

萨勒教授讲过这样一个例子：有一对夫妇喜欢在每天晚餐的时候喝一点葡萄酒，但是他们经济拮据，因此担心喝酒过多会导致生活更加困难。为了控制开支，他们定了一个规矩，每晚在酒上的花费不得超过10元，而每瓶酒的价格不得高于20元。他们就这样天天喝着便宜的葡萄酒，可内心里都渴望能喝到法国的高档葡萄酒，他们甚至想，要是有人能送给他们一瓶好的葡萄酒那该多好啊。这时，你若送给他们一瓶高档葡萄酒，他们一定会非常高兴，一定会好好地记住你这个朋友。

收礼人在享受礼物时更多的是考虑自己的心理满足感，而不是礼物的经济价值。如果你想让朋友更喜欢你，应该送给他们想买却舍不得买或者是不好意思买的东西。这一点在奖励员工和激励员工方面同样有很好的作用，奖品合适，员工会更喜爱你这位老板，会更加努力工作。

4. 你想要幸福，就会有幸福

你最想要的东西往往真的能够得到，这正是预期的力量所在。

【微经济20】 值得才去做，期望价值心理

有一个男生和一个女生，学习都非常优秀，但在高考填报志愿时却作出了截然不同的选择：

在填写第一志愿时，他们可以选择分数线非常高的一类大学，也可以选择分数线处于中等位置的省内重点大学，还可以选择分数线低的省内普通大学，这些可被称为“保险学校”。

对于男生，由于童年的成就体验多是与“惩罚”联系在一起的，所以他很害怕失败。换言之，他的成功动机很弱，而避免失败的动机很强。因此，中等难度的省内重点大学最让他反感；而其他两类学校都可能被他选为第一志愿。对于成功概率很大的“保险学校”，他不会产生失败感；而一类大学，他虽然也可能失败，但可以将失败归因于任务本身成功概率低，这样他就不会感觉到难过。

对于女生，由于过去的成就体验多是与“奖赏”联系在一起的，因而她更看重成功动机，会选择省内重点大学，因为她可以借此获得成就感。相对而言，一类大学成功的概率太小，不是她所喜欢的；而“保险学校”录取太容易，即使她被录取也不会获得成就感。

【微经济21】 不值得做的事情就不要做

一只鼬鼠自负地向狮子挑战，被狮子果断拒绝了。尽管鼬鼠想尽各种办法逼狮子和自己打架，结果都没有成功。鼬鼠对狮子说：“难道你害怕了吗？”狮子回答说：“我确实害怕。如果答应你的挑战，即使你输了，也可以获得敢于和狮子比斗的殊荣。而我，就是赢了也没有什么可炫耀的，反而会因为和

鼬鼠打架而被所有动物取笑。”

狮子很明白不值得定律——不值得做的事情，就不值得做好。人们总是认为，只要把事情做好了，便是获得了成功。实际上，只有做正确的事、有价值的事，才是有意义的。如果一个人面对的是一份不值得做的事情，往往会毫无激情，只能浪费时间，即使成功了也体验不到成就感。我们的精力是有限的，所以，我们要明确地知道自己的目标和价值观，把有限的精力投入到值得做的事情上面。

【微经济 22】 期望不同，选择就不同

小明和小刚各自预定了一辆“酷炫”牌轿车，小明的两个月之后就可以提车，小刚的四个月后才可以提车。两个月后，经销商分别联系他们，告诉他们现在有新的选择：一、马上就提车；二、等两个月再提车，但可以免费给他们的汽车加一个电动按摩坐椅。小明选择了马上提车，而小刚选择了两个月后提车，到时能得到一辆更好的车。

方案一本来就是小明的现状和参照点，如果他两个月后再提车，现在会因为之前的期望落空而痛苦，虽然两个月后他能得到更多的好处，但得到的好处贴现过来不足以弥补现在的痛苦。而小刚的现状和参考点是方案二，他本来就还要等两个月，并没有现在提车的期望，而且免费增加的电动按摩坐椅可以给他带来更多好处，所以他愿意两个月后再提车。

这说明，人们如何选择取决于他之前对这件事的期望，期望不同，选择不同。

【微经济 23】 期望什么就能实现什么

皮格马利翁是古希腊神话里的塞浦路斯国王，他爱上了自己雕塑的一尊少女像，并祈求爱神阿佛罗狄忒赋予雕像生命。阿佛罗狄忒为他的真诚爱情所感动，就使这座美女雕像活了起来。皮格马利翁遂称她为伽拉忒亚，并娶她为妻。这种由期望而产生实际效果的现象叫做皮格马利翁效应。

皮格马利翁效应在教育、激励员工等方面有重要作用，罗杰·罗尔斯的故事是皮格马利翁效应的一个典型例子。罗尔斯是纽约历史上第一位黑人州长，但他出生在一个贫民窟，小时候是个逃课、打架、斗殴的孩子。但幸运

的他碰到了皮尔·保罗校长，校长说他将来一定是纽约州的州长，这句话给了他期望和信念，他开始按州长的标准要求自己，最后真的成了纽约州州长。

我们应该时刻记得给周围的人信心、信念、期望，多鼓励别人；另一方面，也要注意排除那些负面的暗示，少受负面信息影响，积极对待生活。

【微经济 24】 你若不预期经济，它也许很好

有个老年人在路边开了一家小吃店，正逢经济不景气的年头。然而，老人家眼力不好，耳朵又半聋，所以他不能读书看报，也难与别人聊天。因此，老人家并不知道外面的经济情况，他只是卖力地经营着小店：把店里整理得干干净净，门面粉刷得漂漂亮亮，路边竖起宣传板；并尽量做到味道鲜美、价格公道。这样，小店的生意红红火火，与不景气的经济格格不入。但有一年，在外留学的儿子回来了，他仔细地向父亲解释经济不景气，告诉父亲大家都节衣缩食，在经济海啸中挣扎。于是，老人慌乱了，他开始不再粉刷门面，不立宣传板，做饭的材料也节省了。结果，老人的小店和外界一样，遭受了“经济危机”。

这个故事说明了人们的预期对经济的影响很大。人们预期经济前景好，就会增加消费，进而拉动经济；若是不看好经济前景，就会因为害怕损失而缩减消费，进一步增加经济不景气的程度。

【微经济 25】 只要想快乐，你就会快乐

约翰在一家酒吧演奏萨克斯，虽然收入不高，但他总是面带笑容，别人都说他是一个没有烦恼的人。有一天，约翰的朋友开玩笑说：“你那么喜欢车，不如去买彩票吧，也许会中大奖呢，那样你就能买车了。”于是，约翰真去买彩票了，结果真的中了大奖。约翰买车后很爱惜自己的车，但有一天，他的车被偷了。朋友们知道后都过来劝他不要太伤心。约翰却笑着说：“我不过丢了两块钱，为什么要伤心呢？如果你们在路边丢了两块钱，你们会伤心吗？”

约翰是因有情绪正念，所以才能比别人快乐很多。情绪正念是指个体有意识地觉察自己的情绪、情感，有目的地在内心培育一种积极的情绪，而不去理会那些负面的情绪。生活中，我们总会遇到很多不顺心的事，这时若能够不受限于负面情绪，换一个角度看待挫折和烦恼，做到情绪正念，我们就能更快乐。

老人的小店

人们的预期对经济的影响很大。人们预期经济前景好，就会增加消费，进而拉动经济；若是不看好经济前景，就会因为害怕损失而缩减消费，进一步增加经济不景气的程度。

【微经济 26】 越恐惧就越发生

在一条宽广的路上，一个新手在学开车，前方 30 米处有一根柱子。这根柱子在路边上，一般不会撞到。但新手很害怕，看了一眼又一眼，叮嘱自己："千万不要撞上。"带着这种担心，新手缓缓向前开着，结果事与愿违，还是撞上了，即使好几个人在后面喊他也没用。

事实上，撞上柱子的可能性非常小，但担心、害怕让可能性成了必然。心理学家发现，当头脑中的"恐惧"成为焦点时，伴随这种恐惧产生的是怀疑，而怀疑又会进一步引发焦虑，从而陷入不断恶化的循环中。恐惧通常会使冲突恶化，比如在沟通中，恐惧会让人欲言又止，会使沟通不顺畅，进而引发冲突。股市崩盘的主要原因也往往是人们对未来的恐慌成了头脑中的焦点。

心理学家提出，当面对类似的冲突时，若能让恐惧心理和一个令人愉快的行为相联系，通常不会引发恐惧行为。

【微经济 27】 不承认失败，你就会成功

爱迪生生活的时代，人们用煤油灯或煤气灯照明，臭味浓烈还易引起火灾，于是，爱迪生决心发明一种新的照明工具。尝试新发明毫无疑问不可能一次成功，光就用什么材料做灯丝这一问题上，爱迪生就尝试了将近 1 600 次，但每次都以失败告终。有人嘲笑他已经失败了 1 500 多次，他却回答说："我没有失败，我发现了 1 500 多种材料不适合做灯泡的灯丝。"最后，爱迪生终于找到了合适的材料。可见，爱迪生敢于突破自我、不愿承认失败，失败对他来说，不会产生习得性无助。

习得性无助是指个体在经历某些困难之后，会表现出沮丧、绝望、被动、消极等情绪和行为特征，是一种心理和行为陷阱。但实际上，没有什么痛苦和灾难是永久的，我们要看到事物的可变性，不要被感觉欺骗。我们要学会让内心变得强大，99 次失败后，或许第 100 次就会成功。

机工经管读者俱乐部反馈卡

完整填写本反馈卡将可以参加幸运抽奖

每月我们将会抽出 10 位幸运读者，免费赠送当月新书一本

加入俱乐部，将会收到我们定期发送的新书信息

获奖名单将公布在 http：//www. Golden-book. com 及 http：//www. cmpbook. com 上

个 人 资 料

姓名：____________性别：□男　□女　年龄：____________

E-mail：____________　联系电话：____________

传真：____________手机：____________

就职单位及部门：____________　职务：____________

通讯地址：____________　邮政编码：____________

单 位 情 况

单位类型：

□国有企业　□私营企业　□政府机构　□股份制企业

□外资企业（含合资）　□集体所有制企业

□其他（请写出）____________

单位所属行业：

□食品/饮料/酿酒　□批发/零售/餐饮　□旅游/娱乐/饭店

□政府机构　□制造业　□公用事业

□金融/证券/保险　□农业　□多元化企业

□信息/互联网服务　□房地产/建筑业　□咨询业

□电子/通信/邮电　□其他（请写出）____________

单位规模：

□500 人以下　□500—1000 人　□1000—2000 人　□2000 人以上

关 于 书 籍

1. 您购买的图书书名：____________ ISBN：____________

2. 您是通过何种渠道了解到本书的？

   □报刊杂志 □电视台电台 □书店 □别人推荐 □其他____________

3. 您对本书的评价

   内容 □好 □一般 □较差

   编排 □易于阅读 □一般 □不好阅读

   封面 □好 □一般 □较差

4. 您在何处购买的本书

   □书店 □网络 □机场 □超市 □其他____________

5. 您所关注的图书领域是：

   □投资理财 □人力资源 □销售/营销 □财务会计

   □管理学与实务 □其他____________

6. 您愿意以何种方式获得我们相关图书的信息？

   □电子邮件 □传真 □书目 □试读本

7. 如果您希望我们发送新书信息给您公司的负责人，请注明所推荐人的：

   姓名____________ 职务____________ 电话____________

   地址________________________ 邮件____________

感谢合作！请确认我们的联系方式

联系人：胡嘉兴

地址：北京市西城区百万庄大街22号机械工业出版社经管分社

邮编：100037

电话：010－88379705

传真：010－68311604

电子邮箱：hjx872004@yahoo.com.cn

登记表电子版下载请登录：

http：//www.golden-book.com/clubcard.asp 或 http：//www.golden-book.com

如方便请赐名片，谢谢！